LOCUS

LOCUS

LOCUS

LOCUS

# mark

這個系列標記的是一些人、一些事件與活動

**Mark 75 聽說西藏**
Voices form Tibet

作者：唯色‧王力雄
責任編輯：湯皓全
美術編輯：何衫
校對：呂佳眞
法律顧問：董安丹律師、顧慕堯律師
出版者：大塊文化出版股份有限公司
台北市105022南京東路四段25號11樓
www.locuspublishing.com
讀者服務專線：0800-006689
TEL：（02）87123898 FAX：（02）87123897
郵撥帳號：18955675 戶名：大塊文化出版股份有限公司

總經銷：大和書報圖書股份有限公司
地址：新北市新莊區五工五路2號
TEL：（02）89902588（代表號） FAX：（02）22901658
製版：瑞豐實業股份有限公司
初版一刷：2009年5月
初版二刷：2020年9月

定價：新台幣399元
Printed in Taiwan

# 聽說西藏

Voices from Tibet

唯色・王力雄　著

# 目次

# 致謝

　　我們給自由亞洲電臺的藏語廣播撰稿已經幾年，每週各寫一篇文章，由自由亞洲電臺藏語節目的主持人翻譯成藏語，分別用衛藏、安多和康三種方言進行廣播。很多朋友、聽眾都希望能把以往的文章進行選輯出版，以方便更多的人看到。自由亞洲電臺慷慨許可，我們在此深表感激。

　　幾年來，無論是在拉薩，還是在多衛康其他地方；無論是在著名大寺，還是在偏遠小寺；無論是在城鎮，還是在農牧區，我們時常受到從僧人、市民到農牧民的熱情歡迎，得到他們贈予的哈達。那些奇妙經歷總是讓我們深陷感動，並且感慨自由亞洲電臺發出的聲音如此深入多衛康腹地，連結著不同年齡和不同階層的藏人。感謝雪域高原上的人們對我們聲音的關注，以及給我們提供的難以計數的幫助。

　　感謝自由亞洲電臺藏語部主任阿沛‧晉美先生一直以來的大力支持；感謝自由亞洲電臺藏語部的翻譯兼節目製作人卓

嘎、仁增、吉姆措、溫佳的辛勤工作。

　　還要感謝臺灣大塊文化出版公司對本書的編輯與出版。

　　書中圖片凡未注明來源的都是我們自己拍攝。注明來源的
來自友人，個別採自網絡，在這裏一併表示感謝。

唯色・王力雄

二〇〇九年一月十九日　北京

# I 拉薩與「蟄薩」

# 妓女和聖戰

　　一位藏人朋友給我講，有的內地遊客抱著獵奇心態，到藏區旅遊便想找藏人妓女。其中有人還相信一種無稽傳說——和藏人女人睡覺可以治療風濕病。不過這種人往往不敢自己去找藏人妓女，因為不少內地妓女也穿著藏裝，號稱是藏人。漢人不懂藏語，無法確定真假，於是便讓藏人導遊幫忙。那位藏人朋友認識的一個藏人女導遊便做過這事。本來誰都知道做這種事不好，但那次遇見的是個大款，一下拿出厚厚一沓錢，藏人女導遊經不住誘惑，便答應了。沒想到藏人女導遊去找妓女時，遇到了自己的小學同學，那同學正好就是在做妓女。雖然兩人都非常尷尬，交易還是做成了。大款給的那沓錢有二千三百元，女導遊給了同學六百元，對妓女來講也算是不錯的價錢了，剩下的錢女導遊自己留下。但是從那以後，女導遊和她做妓女的同學彼此就相互躲著，再也不願意見面了。

　　在網上，可以看到有漢人這樣寫西藏妓女的情況：「到西藏自然要找藏妞，西藏經濟和科技不發達，但賣肉行業超發

搭車進藏的漢人妓女。

達，這裏一斤土豆要二元，一斤茄子四元，西藏什麼都貴，就小姐便宜，競爭激烈啊，小姐每條街都有，每個縣都有，連青藏公路邊的小站都有，從幼女到老女人都有，漢族、藏族、俄羅斯的都有。西藏的龍頭行業是旅遊，小姐又是不可缺少的另類旅遊產品，所以在西藏不用擔心被抓，超安全。幼女很容易找到，看到街邊的藏族小茶館，一般都有幼女，價格在五十到一百不等，高級一點的茶館的藏族幼女要乾淨一些，也要貴一些，要一百至二百……藏族幼女一般都是十二、三歲的樣子。最便宜的是藏族二十多歲的小姐，三十元搞定……」

這些文字雖然無恥，卻不盡然是編造，因為我在藏區的很多地方，都看到妓女雲集，爭相拉客。耳聞目睹這些每天發生在西藏的現象，我會感覺美國藏學家梅爾文‧戈爾斯坦（Melvyn C. Goldstein）在他文章裏做出如此的表述，並非完全是危言聳聽：

　　「西藏已日漸被改變得讓那些流亡在外的領導們感到有點厭惡了，要是目前這種改變的過程持續下去，不要多久，這種改變很可能就會難以復原了……藏人將不會無限期地站在一旁，看著北京肆無忌憚地改變他們的故鄉。民族主義的激情，再加上危機感和憤怒，釀成了一種強烈的飲料，而且在西藏境內和境外，都有藏人因此而醉心於發動一場以暴力為主的戰爭——在他們看來，就是一場『良心之戰』，也是一種西藏式的『聖戰』。」

二〇〇五年十二月（王力雄）

# 西藏的愛滋病

　　去年世界愛滋病日前夕，西藏自治區的官員說，西藏自一九九四年發現首例愛滋病病人以來，截至二〇〇六年已發現愛滋病感染者四十例，其中愛滋病病人五例，死亡二例；承諾要採取一系列措施嚴控愛滋病的流行和蔓延，到二〇一〇年，力爭把西藏愛滋病病毒感染者控制在三百人以內。

　　這個承諾無疑是良好的願望，切實地履行這個承諾更是當務之急。據悉，至二〇〇七年世界愛滋病日，西藏自治區的愛滋病感染者是五十四例。與同時公布的全國感染人數約八十多萬相比，連零頭都算不上。若按照每年增加十幾例來計算，那麼顯然大可放心，三年後怎麼增長也不會突破三百。但願習慣報喜不報憂的官員們，不會為了這個計畫內的數字而壓低實際上的數字，因為有關專家在兩年前的調研得出的結論是：西藏已具備愛滋病廣泛流行的條件。更有人士警告：愛滋病在西藏，如不定時炸彈。

拉薩街頭。

　　前不久，《鳳凰週刊》一篇關於開礦破壞西藏生態的文章，就日益沉淪的拉薩寫道：「以拉薩市中心的太陽島為核心，色情經營場所遍布全市。一位走南闖北多年的礦老闆認真地說：『我覺得拉薩才是中國真正的性都。』」在西藏最偏遠的西部阿里，滿街妓女讓一位援藏幹部驚歎，觀光遊客的遊記也說，「那兒對妓女根本就不抓」、是「完全公開合法」的「妓女和流氓的樂園」。這些消息都可以在網上搜索到。可是，西藏官員面對外國記者採訪時，卻把妓院說成是「洗腳」、「洗頭」的第三產業。

大多數性工作者來自中國內地，鑒於當年有解放軍十八軍開進西藏，她們被稱作「十九軍」，乃當今源源不斷開進西藏的妓女大軍。性產業深入各地城鄉，四川妓女在那曲鄉下跟牧民用兩三根蟲草進行一次性交易，一根蟲草在當地賣四、五十元。也有來自西藏農村和牧區的女子賣淫，她們屬於最低檔的妓女，據說甚至是一碗兩塊錢藏麵的價格。從事愛滋病防治的基層官員謹慎地承認，愛滋病感染者不僅僅分布在城市社區，在農牧區也有發現，而且男性所占的比例高於女性。

去年，西藏自治區據報有吸毒者一千七百多人，使用藥丸較針管注射更爲普遍。從青藏鐵路開來的火車又使毒品運輸防不勝防。在吸毒者中有賣淫者，而在吸毒兼賣淫者中已發現愛滋病患者，爲此西藏的禁毒警察開始進行預防愛滋病的培訓。另外，西藏的採供血液、血漿的機構也存在相當隱患，因爲貧窮、吸毒而賣血的人員既有漢地來的打工者和性工作者，也有藏人。

然而，西藏民眾普遍對愛滋病所知甚少，更談不上如何預防，整個社會基本上處於「愛滋盲」的狀態。以「穩定高於一切」爲宗旨的當局，爲了維護「和諧西藏」的形象，既然連西藏遍地娼妓的事實都否認，隱瞞西藏的愛滋病實況，按照計畫編製西藏的愛滋病數字，更不是沒有可能。

二○○七年十二月（唯色）

# 說說「西藏的新名片」

　　國際知名的印度作家Pankaj Mishra先生對我說起過拉薩的雅魯藏布大酒店。他給《紐約客》（*New Yorker*）寫青藏鐵路通車之後的西藏，被旅行社安排在這個酒店。他對酒店的印象是一種「文化帝國主義」，而且毫無品味。

　　酒店的宣傳冊上號稱是「世界首家藏文化主題博物館式超豪華酒店」，標榜自己是「西藏的新名片」。於是我特意去參觀了這個酒店。二月的拉薩雖是冬季卻不太冷，開張僅半年的酒店還散發著裝修材料的刺鼻味，大堂的電視上連續滾動播放著中央電視臺對酒店的報導，讚歎這是「溫馨神奇的藏文化博物館」。

　　我用三個小時瀏覽了酒店全貌。沒錯，的確有大量的從西藏宗教和西藏民間中挑選的西藏素材，如佛像佛龕、壇城法器、藏戲面具、酥油茶壺等等，但在一番重新塑造、重新搭

配、重新擺設之後，雖然聲稱展示的是西藏文化，卻已是被改裝過的，完全變了味。比如陳放在走廊上的青稞酒罐，文字說明是「舊西藏時期藏家裝青稞酒桶」，且不說文理不通，難道新西藏就不用青稞酒罐嗎？拍攝於上個世紀初期的黑白照片，竟被酒店老闆在電視上說有三百年的歷史，要知道世上第一張照片迄今才不過一百八十年；而窗外那座藏語的寶瓶山（朋巴日），變成了漢語的財神山；水泥做的轉經筒就在沙發邊很難看地呆立著。最搞笑的是會議廳，龐大的圓形會議桌中心堆砌了許多花花綠綠的轉經筒，看似別出心裁，其實不倫不類。最離譜的是那個矗立在大堂中心的壇城，說成是「民間唯一的世界最大的勝樂本尊壇城」，但具有深奧的、神聖的精神意義的壇城，怎能是酒店的道具？

酒店老闆是個號稱要「把酒店變成博物館，把博物館再變成商場」的成都商人，一個開超市起家的退役軍人，本是乘著青藏鐵路的順風車來拉薩的撈金者，不但藉藏文化賺錢，還藉藏文化提升了自己的身分，實際上，藏文化變成了他的謀生之道。一位藏人學者幽默地說，如果他是西藏的新名片，至少應該去整整容。

所以Pankaj Mishra先生的評價其實是高抬了這個酒店。儘管它金碧輝煌，要價昂貴，但它連文化帝國主義的水準都夠不上，只是那種粗鄙的、低檔的、暴發戶式的撈金者。與這些年

改變了拉薩市容的「包工隊」產品一樣，這個酒店仍然是「包工隊」產品，只是與視覺上明顯醜陋的「包工隊」產品不同，它披上了西藏文化的外衣。可是，就像一個從來就不是喇嘛的俗人穿上喇嘛的袈裟，雖然袈裟沒變，但穿的人卻變了，於是怎麼看怎麼彆扭。

　　但在酒店的宣傳冊上，卻有一位長年穿梭於漢地的某某喇嘛為之捧場和美言。喇嘛的頭銜又多又新穎，如「雪域十明文化傳承長」。聽說過部長、市長、縣長，從沒聽說過傳承長，這也算是與時俱進嗎？如果真是修學深厚的喇嘛，難道就看不穿這酒店是一張什麼樣的西藏新名片嗎？或者說，他本人也是一張流通在市場上的西藏新名片，需要和酒店的老闆聯手營造新的「西藏文化」？

二〇〇七年八月（唯色）

# 西藏值多少錢？

　　一部由日本NHK拍攝的紀錄片《西藏‧聖地求富》，講述的是青藏鐵路通車之後，一個四川商人在拉薩經營酒店的故事，展示了強悍的外來資本給西藏的城市、鄉村，以及寺院帶來的衝擊。影片一開頭就給人很深的印象，在一座農村寺院，這個姓張的老闆用手指點著僧人小心翼翼打開的包裹，問：「這個鞋子是怎麼回事？」僧人恭敬地回答：「這是第五世達賴喇嘛的，是寺院保存最久的聖物。」張老闆說：「哦，就這件東西。」然後鏡頭一轉，他指著另外兩件古董對翻譯說：「好吧，就這兩樣給他買掉吧。多少錢？你問他。」還說：「再給他五百塊錢看行嗎？五百。」

　　張老闆的酒店，正是我寫過的把藏文化當成謀生之道的雅魯藏布大酒店。青藏鐵路的通車使大量遊客湧入拉薩，今年一年已超過三百萬。從豪華酒店到低檔旅舍遍布拉薩，各有各的攬客招數。雅魯藏布大酒店自稱「西藏文化博物館」，擺滿從民間和寺院搜集來的各種傳統物品，並且明碼標價，樣樣昂

深奧的、神聖的壇城，成了酒店的道具。

貴。張老闆得意地告訴記者：「市場需要什麼，這點我還是知道的。任何一個遊客，他到任何一個地方，他都想體驗經濟，體驗文化。他瘋了他到拉薩來幹什麼？如果說這個拉薩沒有佛教文化，你會到拉薩來嗎？你不會來。就必須要讓他體驗這一點。」

正如影片所說，對於張老闆，一切皆為商機。確切地說，西藏就是他的無限商機，任何事物都是他賺錢的項目。比如請

僧侶到酒店做法事，他說：「喜歡佛教的，說不定會要求做法事，做個法事收他個兩三千、三四千很正常。」又比如用西藏的特產松茸做菜，每道菜只放三四片松茸，他說：「賣兩百，還導遊五十。」他還去鄉下和寺院收購古董，討價還價之後，一張一張地數出幾張百元鈔票，像是在賞賜，但拿回酒店，價格都會翻幾番。

影片中的藏人，如那位翻譯，遊說不懂漢語的寺院主持，把在酒店表演法事說成是宣傳西藏文化；如那位農民，惶惑不安卻已賣掉祖傳佛像；如在酒店表演西藏歌舞的曲列，央求同村鄉親不要跟張老闆講價；如在酒店做管理的藏族女孩，發工資時用漢語痛罵另一個藏族女孩……金錢的誘惑，讓這些本土藏人成了張老闆把西藏當成商機來賺錢的合作者。而曲列最後的辭職離去，才多少顯示了一些艱難保持的尊嚴，但他已不可能返回貧窮鄉下過農民的日子，為了發家致富，他要留在拉薩掙錢，也許還會遇上又一個張老闆。

在長達半個世紀的極權體制下，當殖民主義的歷史還繼續在人們的血液中運作，新帝國主義已經在不斷地介入當下的生存空間了。在源源不絕的頤指氣使的張老闆們的眼中，本已創傷累累的西藏，值多少錢呢？

二〇〇七年十一月（唯色）

# 是酒店，還是寺院？

　　青藏鐵路通車之後，一個名爲「香巴拉宮」的酒店也應運而生。它坐落於拉薩老城帕廓街區的民居當中，那些建築大都是舊房推倒之後重建的新房。香巴拉宮是那種不大但很精緻的高價酒店，裏面仿照的是藏式庭院建築。

　　同樣強調「西藏文化」，暴發戶式的雅魯藏布大酒店顯然無法與香巴拉宮相比。香巴拉宮顯得更爲地道，尤其在許多細節上都下足了工夫，如藏式窗框的精彩設計、鑲嵌在牆上的石像雕刻、經文雕刻和錯落有致的「擦擦」（泥塑小佛像）等等，稱得上是目前拉薩最有西藏味道的酒店。

　　然而它的問題在於外觀很像一座寺院。酒店不是寺院，這就像酒店不是基督教堂也不是清眞寺一樣。這世界原本就是各得其所，如果偏要把酒店弄得像寺院，豈不是一種無知和霸道？在香巴拉宮，我遇見一個轉經朝佛的西藏老人誤以爲這是寺院，恭恭敬敬地進去，用手轉動著酒店門內高高豎立的轉經

這就是香巴拉宮。

筒,嘴裏念念有詞,但她很快就呆立在院落當中,滿臉困惑地環視四周,不知所措地轉身離去。她臉上的神情我至今記得,那是虔誠的心願未了卻不知放在何處的迷惑。

香巴拉宮是一個中文名字叫龍安志(Laurence　Brahm)的美國人開的,如今在拉薩也是大名鼎鼎。他不僅是在中國大獲成功的西方商人,還是寫了十多本關於中國論著的作家,最讓中國政府滿意的是,他經常爲英文報刊撰寫與《人民日報》論調類似的文章。近年來,他對西藏產生了濃厚的興趣,寫了一些以西藏文化爲主題的書籍。他拍攝的紀錄片被中國政府當作對外宣傳影片,他與西藏政府的官員握手言歡,他還是中共

扶持的「漢班禪」的第一個外國弟子，甚至最近聽說他的兒子成了海外的一座藏傳佛教寺院的轉世活佛。

參觀了他的酒店，會發現他是用「香巴拉」的概念來打造一個與現實西藏無關的「西藏」。「香巴拉」本是屬於西藏宗教中的理想世界，他卻把它變成酒店，為此他把酒店的外表故意裝飾成寺院模樣，給外人營造了一個沒有苦難也無危機的「和諧西藏」。如果這個「和諧西藏」僅僅是一種模仿或傳說倒也罷了，然而每間客房都擺放著他寫的書。在書中，他巧妙地對今日西藏進行曲解，使謬種流傳，目的只是要迎合統治這片土地的權力者。其實西藏不過是被他裝飾和消費的符號，更是他借西藏之手去賺錢的工具。他才是真正的文化帝國主義者，西藏不但是他的謀生之道，還是他的後花園以及舞臺，充滿了他的帝國主義樂趣。

我在拉薩「更敦群培畫廊」的一次藝術講座上，見過這位龍安志先生。在場的有畫家、藝術愛好者和正在學習西藏文化的外國人，把不大的畫廊坐得很滿。講座當中，一個穿著考究的西方人，戴著墨鏡，牽著一條與他的銀髮一樣雪白的大狗突然出現，用一口流利的北京腔打了聲招呼就倏然消失，整個過程十分地戲劇化，誇張而且做作。

二〇〇七年八月（唯色）

# 人滿爲患的大昭寺

拉薩祖拉康亦即大昭寺，是全藏地最神聖的寺院，始建於一千三百多年前。今年五月以來，每日遊客如同潮水湧入，大都來自中國內地。尤其七、八月間，平均每日遊客四千人，若加上多衛康等藏地的朝聖者，每日進出人數約計六千左右。

爲了不打擾信仰佛法的藏人實現朝聖願望，寺院規定上午八至十二點以前不接待十人以上的遊客入寺。但事實上，由於遊客太多，往往會不得不放行，以至於朝聖者和遊客擠成一團。下午專門安排遊客參訪，一般不會讓藏人進寺朝拜。晚上六點半以後，是寺院的晚課時間，朝聖者和遊客又會擠成一團。有信徒不滿地問：寺院到底是爲佛教徒蓋的，還是爲旅遊者蓋的？

藏人朝拜要排隊，遊客參觀憑一張門票，不用排隊，在導遊高舉的小旗指引下，逕自入內。「讓路，讓路！」這是遊客衝著雙手合十的藏人在喊，藏人於是沒好氣地說：「要讓路的

二〇〇七年秋天的大昭寺。

是你們，我們在祈禱，憑什麼給你們讓路？」眼看著可能會吵架，藏人先自責，認為不該在寺院生氣發火。可是，連售票的僧人都說：「這麼多遊客，心煩！過去在寺院裏，聞到的是梵香和酥油供燈的香味，心裏很祥和，可現在聞到的淨是大蒜臭烘烘的味道。」

門票一張七十元，被某位當了中國高官的活佛的女兒幕後掌控，分出六十一元給寺院，二元給管理寺院的政府主管部門——拉薩市民族宗教管理局，她自己可得七元。算算看，每天若售出四千張門票，坐收漁利的她從中可以穩拿多少？

今年六月，大昭寺第一次印製了《參訪大昭寺的禮儀和禁忌》（中文），總共十七條，向遊客散發。其中有「未經許可，請勿對藏地朝聖信眾和寺院僧人沒有禮貌地拍照、攝像」、「每日朝聖信眾很多，勿與信眾擁擠、吵鬧，干擾信眾的朝拜」、「殿內若有佛事，更應注意規矩，千萬勿要妨礙僧人進行佛事」等等。這些規章顯然有感而發，遺憾的是，對遊客收效不大，因為許多人並不遵守。

佛殿內，一撥撥遊客圍著各自的導遊聽講解。藏人導遊日益稀少，大都是漢人導遊，包括從內地選拔的「援藏導遊」。這些導遊熱中於講解佛像身上的珠寶和四周懸掛的唐卡，目的在於帶遊客去各購物商場購買仿製的珠寶和唐卡，從中抽取四

成至五成的回扣。除此，導遊們的講解重點是政治。爲了說明西藏歷來是中國的一部分，出現頻率最多的詞是文成公主，說她帶來了這個帶來了那個，似乎沒有她的進藏，西藏完全沒有文明可言。其實她的功績主要是帶來了佛祖釋迦牟尼十二歲的等身塑像。比她稍早，尼泊爾的赤尊公主帶來了佛祖釋迦牟尼八歲的等身塑像。她倆都是西藏國王松贊干布的王妃，確實爲佛法傳入西藏做出了貢獻，但不能就此成爲國家主權的證明和西藏文明的源泉。

　　陷入遊客叢中的藏人信徒對導遊的講解頗不滿，說：「這不是在竄改西藏的歷史嗎？」但他們也只是低聲嘀咕，並沒有去糾正謬種流傳的錯誤。

二○○七年八月（唯色）

# 逐漸消失的拉薩

一九九六年，幾位來自德國、葡萄牙等國的建築師在拉薩成立了「西藏文化發展公益基金會」，致力於「研究和保護歷史名城拉薩」，但在修復老城的工作中發現，「從一九九三年起，每年平均有三十五座歷史建築被拆除。如保持這種速度，剩下的歷史建築將在不到四年的時間內消失殆盡」。

二〇〇五年，英文版的《拉薩歷史城市地圖集——傳統西藏建築與城市景觀》在中國出版了中文版和藏文版。作者是兩位挪威建築師，在包括拉薩本地在內的許多專家、學者的協助下，歷經七年調查，結論是：「在二十世紀八〇年代中期，大多數宗教和世俗建築還保持完整，但是到現在（二〇〇一年）依然存在的建築物數量已經大約只有二百棟左右，減少了三分之一以上。隨著可供擴張區域越來越小的現實，拉薩歷史核心區的保護已經變得刻不容緩。然而在逐漸意識到這種文化遺產的重要性時已經太遲了。」

拉薩老城的老房子被推倒，將在這裏建一個大型旅遊商場。

　　傳統上，拉薩所有建築的高度既不能超越布達拉宮，也不能與布達拉宮平起平坐；一九九四年，布達拉宮被聯合國教科文組織列入世界遺產名錄，為了不破壞布達拉宮的人文景觀，對周遭環境有著嚴格的規定和限制，但一幢幢超高達章的高樓大廈仍然在布達拉宮周圍陸續落成。同樣的，傳統上，大昭寺周圍建築物的高度也不能超過大昭寺；二〇〇〇年，大昭寺和周圍的帕廓街區正式加入世界遺產行列，然而一些新建的商場、飯店等的高度仍然超過了大昭寺。二〇〇七年，在第三十一屆世界遺產大會上，由於過度開發造成的破壞，包括布

達拉宮在內的拉薩古城被亮「黃牌」，將可能被吊銷「世界遺產」的稱號。

　　拉薩最醜陋的建築當屬「西藏和平解放紀念碑」。儘管受到聯合國等國際組織的批評，二○○二年仍被當局樹立在布達拉宮廣場上，與布達拉宮遙遙相對，聲稱「是抽象化的珠穆朗瑪峰」，卻毫無藝術美感，反而狀如一發昂首向天的炮彈，深深刺痛了藏人的心。拉薩的第二大醜陋建築，是拉薩市公安局科技資訊大廈，也是江蘇省援藏工程中的標誌性形象，位於大昭寺和色拉寺之間，阻擋了過去從大昭寺二樓可以望見色拉寺的視線；雖然被聯合國等國際組織多次批評和阻擾，卻無效，於二○○二年正式投入使用，公認是拉薩超高違章建築的典型。

　　被拆毀的傳統建築不僅僅只是歷史遺產，更是西藏文化的象徵。在名義上是現代化、實質上是更進一步的殖民化的進程當中，隨之消失的不僅是老房子，還有西藏民族的生活方式，而隨之新興的毫不協調的建築物，卻使拉薩獨特而悠久的人文和自然景觀遭到破壞。可以說，這些充斥拉薩、比比皆是的醜陋建築，對拉薩的風景和生態所造成的影響，其過錯是難以彌補甚至不可原諒的。

　　　　　　　　　　　　　　　　二○○八年一月（唯色）

# 拉薩林卡的變遷

　　曾經在拉薩，與布達拉宮、大小寺院和藏式民居一樣，眾多的林卡和大片的濕地也是城市景觀不可缺少的部分。上個世紀初來到拉薩的一些西方人，用文字和攝影記錄了將要消失的美景。

　　林卡是藏語，大意是園林，包括人工建造和野生。西藏人是一個熱愛自然的民族，每逢一年四季的好天氣，如藏曆四月的薩嘎達瓦（佛誕節）至藏曆八月的嘎瑪日吉（沐浴節），有著在野外歡度時光的習俗，花木繁茂的林卡正是傳統的休閒之處。過去拉薩有大小林卡五十餘處，大都為貴族官員和寺院莊園所擁有，如仲吉林卡、孜仲林卡、堯西林卡等等。最著名的是羅布林卡──尊者達賴喇嘛的夏宮，雖然是法王居住的珍寶一般的園林，但每到節慶期間，羅布林卡會變成一個帳篷之城，朝聖者和市民們在此歡聚。

　　有意思的是，正如一位在拉薩多年的漢族文人所寫：「還

有好些公共林卡，供城市平民、工匠、藝人，甚至遊民、乞丐消夏之用。」其中一個位於拉薩河中間的島嶼，因爲長滿了可以做掃帚的野草，叫作「加瑪林卡」；一些盜賊往往躲在這裏，又被戲稱爲「古瑪林卡」，意思是小偷的園林。由此看來，在當時的西藏社會，各種身分的民衆都享有過林卡的權利和愉悅，習慣把「舊西藏」妖魔化的中共文人倒是忽略了這一點。

隨著時代的變遷，許多林卡逐漸被各個單位占據，各種功能的建築物拔地而起。如仲吉林卡先是被改建成培養藏族幹部的學校，後來擴建爲西藏大學；孜仲林卡成了西藏軍區的大院；城東的宜雪林卡被城關區建築公司圈走；城南的熱喬林卡

過去的加瑪林卡，今天的四川飯館。

被河壩林居委會圈走。羅布林卡在文革中被改名為人民公園，如今是可供政府有關部門創收的旅遊景點；「雪頓節」期間，會有許多乞丐和殘障者從內地湧來，在燒烤肉串的油煙中討要錢和食物。

上世紀八〇年代初，還有不少林卡枝繁葉茂，野餐人們的歌聲在林間飛舞，但經濟大潮很快席捲而來，加瑪林卡的蛻變足以成為今日拉薩的縮影。一九九四年，經由一位在西藏尤具盛名的漢人畫家推介，來自澳門的開發商與政府合作，為建設一個國際化的娛樂城，毀掉了有樹木有沙灘有拉薩河靜靜流過的加瑪林卡。後又由海南商家接手，以餐飲娛樂、商品交易為主，改稱「中和國際城」，又稱「太陽島」。迄今為止，這裏已成為拉薩最大的、最公開的紅燈區，夾雜著藏獒銷售中心、四顆星的大酒店、拉薩市政府的臨時辦公室。每天晚上，各個娛樂場所雲集數千名妓女。

城裏的林卡消失殆盡，而城外倒有了一些新開發的林卡，雖然號稱「民俗文化村」，可是過林卡的方式無一例外地是打麻將、喝酒。隨著進藏遊客的日益增多，官方又稱要把過林卡「作為拉薩旅遊的一種新形式來帶動拉薩市旅遊產業發展」。但無論怎麼變，林卡已不再是林卡了。

二〇〇八年一月（唯色）

# 拉薩與「蟄薩」

　　在拉薩見四個藏人，喝了八十聽百威啤酒和三十瓶拉薩啤酒，又醉醺醺地開車換地方繼續喝。據說，拉薩人喝啤酒之厲害，一個頂內地好幾個，而且隨大流，時興哪個品牌，大家就都喝那個品牌。因此時興的品牌往往可以占到八成以上的市場。人口不多的拉薩消費的啤酒可以超過內地上百萬人的大城市，於是各啤酒公司紛紛到拉薩競爭。我在拉薩的時候，銀子彈啤酒請來兩個黑人在各酒吧巡迴表演吐火雜技，百威啤酒則請來英國樂隊到各酒吧巡迴演出。

　　一位拉薩的藏人朋友這樣說：拉薩眼看要變成「蟄薩」了。在藏語中，「拉薩」的意思是神住的地方，而「蟄薩」是鬼住的地方。這話讓我吃驚，但是細看拉薩的世俗化狀況，也就能理解這話的意思。

　　最典型的是在網吧裏看到僧人玩網路遊戲，一邊拚命使用各種武器射擊殺人，一邊口中大罵髒話，「蟄薩」的感覺真是

很強烈。即使是在林卡那種環境，也往往感覺怪異。藏族人過去逛林卡是用帷幔在樹林裏圍一個空間唱歌跳舞。記得當年我常去林卡聽歌，漂亮的帷幔帶著神祕色彩，讓我有時忍不住伸頭往裏看，碰到好客的主人，就會邀請我進去喝酒。現在再也看不到那種景象。拉薩周圍建起很多「度假村」。一棟棟玻璃房子，不怕風雨，吃住齊備。但已經沒有歌舞，只能聽到嘩啦啦的麻將聲。人們一打就是幾天。除了睡覺和吃飯，就是在麻將桌上打牌數錢，把美好的林卡變得惡俗。

曾是西藏最美的羅布林卡，本來清淨幽雅，花草芬芳，現在大門兩側是賣燒烤的小攤，烏煙瘴氣。我那次進去，首先映入眼簾的是一個畸形漢人趴在地上要錢，形狀如狗，嚇人一跳。裏面到處是畸形乞討者，都把最醜陋的畸形部位展現在外。而轉經的地方則是擠滿了喧嘩叫賣的攤販。

連藏王也變成用來賺錢的符號。拉薩一個藏餐廳用歷代藏王給包間命名。人們訂包間的時候會說「訂一個松贊干布」，似乎是在買賣祖宗。今日拉薩色情場所處處都有，漢族妓女為主，也有藏人妓女。光天化日下就有妓女動手拉過路的單身男人，讓人感慨聖城的淪落。

城市在變，人也在變。十幾年前，藏人民風還普遍淳樸，即使對陌生人也熱情招待，吃住不要錢。現在哪怕是在偏僻鄉

「西藏文化」在拉薩的舞臺上成了雜技表演。

下，有病人要送醫院求鄰居出車，不先給錢也不幹。老一輩藏
人這樣形容這些年發生的變化──「藏人變得像漢人，漢人變
得像鬼」。

二〇〇六年五月（王力雄）

# 政治與性包裝的西藏歌手

　　北京的中央電視臺音樂頻道介紹過一個叫作「哈拉瑪」的歌唱組合，是來自安多阿壩的三姐妹，據稱她們的演唱「展現了藏民族的深層底蘊」。那麼，她們唱的是什麼樣的歌呢？三姐妹中的一個說：「我們的歌以藏族民歌音樂爲基礎，但光是一種原生態的話，不適合現代文化的走向。」於是她們唱了兩三支民歌，還翻唱了老歌《洗衣歌》、《共產黨來了苦變甜》，並自豪地說：當她們在海外表演時，當地華僑們「聽到來自祖國的聲音都哭了」。

　　這兩首老歌的曲調來源於西藏民間，但歌詞都是當年毛澤東派到西藏的中國軍人寫的，用藏人的口吻表達對共產黨的感激，曾經在「文革」期間紅遍全中國。而在今天，把自己看成是「現代藏族青年」代表的「哈拉瑪」組合，重新翻唱「革命歌曲」爲的是什麼呢？而且，她們的新歌也是民歌改編，其中一段歌詞是：「格桑花兒爲什麼這樣鮮，是因爲黨的陽光照耀草原」。

歌手就是歌手，應該有自己的聲音。如果歌手去充當意識形態的喉舌，那聲音就不是個人的聲音，也不是民間的聲音，不過是一種傳聲筒，即使再有天賦的好嗓子，也無非是討取當權者歡心的小丑，那還不如乾脆就把舞臺當作當年「憶苦思甜」的大會場算了。據說「文革」那時候的控訴會，臺上講演者不時做出被舊社會氣憤得昏厥過去，或被新社會幸福得昏厥過去的樣子，臺下觀眾也隨時準備著淚如泉湧，實在哭不出來，就偷偷地抹點唾沫在眼皮下。臺上臺下，都在演戲。

　　其實重唱老歌的目的並不在於抒發革命情懷，誰不知道這是出於商業計算呢？這本來無可厚非，把歌唱火了、把歌手唱紅了、把大把的銀子掙到手，哪個歌手不想這樣？歌唱在如今成為商業行為，正如歌唱在「文革」中成為政治行為，當屬平常。再者，既然是「現代藏族青年」，就不能一成不變地演唱「原生態」的革命歌曲，不然跟「翻身農奴」才旦卓瑪阿姨唱的歌是沒法比的，所以肯定要改革，不光要用現代的電子樂曲來伴奏，還得用舞臺上的時尚風格來演唱。

　　為了更加吸引眼球，不僅是「哈拉瑪」組合，如今在流行歌壇上出現的藏人女子歌唱組合幾乎都會穿著大膽改良的藏裝，露出一條或兩條赤裸裸的手臂，在又唱又跳的時候，反而比漢地許多穿著暴露的女歌手更有吸引力，這就像阿拉伯舞女在原本禁忌很多的土地上扭動著肚皮舞，反倒更有性的誘惑。

說到光膀子，想起曾在電視上見過那曲歌舞團的表演，那些繼承了遊牧父母健美體格、平時又愛吃牛羊肉的胖美人，本來穿著傳統的藏袍載歌載舞十分優美，可是也換上了如今都市時髦女郎的露臍裝，把好好的一件藏袍裁剪成上下兩截，於是看那舞臺上，一節節肥腰擠出了一圈圈贅肉，令人好笑。

　　　　　　　　　　　二〇〇七年八月（唯色）

# 布達拉宮會不會被踩塌？

　　一年前，一列列嶄新的、全封閉的、滿載著旅客的火車，從中國的幾個大城市奔向同一個目的地——拉薩的時候，我專門寫過一篇唱反調的文章。一年了，當中國記者用種種溢美之詞讚美青藏鐵路的偉大成就，如「青藏鐵路通車後，西藏民族文化遺產『備受呵護』」、「青藏鐵路促進西藏旅遊業的發展」、「青藏鐵路通車，提升西藏的『話語權』」等等，我不但要質疑其中的真實，仍然要對青藏鐵路說「不」！

　　不是我非要說「不」，而是有太多的藏人不滿；而且這種不滿不只是個別階層的感受，已是遍及整個社會許多階層的感受。這是因為他們的生活被嚴重地干擾了，他們身為本地人，卻日益被邊緣化了。中國官方報導「青藏鐵路通車一年，發送旅客約二百零二萬人」，光這一項，正如我去年在文章中所說：僅僅單就源源不斷的遊客這一項就夠拉薩受的，即使他們只是來西藏轉一圈就走，也足以構成災禍。

拉薩的友人說，火車站、機場、帕廓街人頭攢動，簡直是蝗蟲氾濫，感覺要爆了；去市場買菜，物價越來越貴，一斤犛牛肉十六元，一斤酥油十七元；去寺院朝佛，跟遊客擠成一團，寸步難行，而且那些遊客大聲喧嘩，隨地吐痰，男的抽煙，女的露肉；去商店和飯館，那些商家對本地人不屑一顧，漢人宰漢人，西藏人真正成了邊緣人群……在重慶讀大學的藏人學生放暑假，買不到回拉薩的火車票，一是去旅遊的人太多，二是票販子太多，結果一百七十九元的硬座學生票得花四百七十元才能買到。

旅遊季節，參觀布達拉宮的遊客。（博扎瓦 攝）

美國《富比士》（*Forbes*）雜誌報導，聯合國近日評選出十個全球瀕危旅遊景點，西藏名列前茅。請注意，指的不是西藏的哪幾個景點，而是整個西藏。而西藏上榜的重要原因被認為是過度開發。同樣的，今年第三十一屆世界遺產大會上，包括布達拉宮在內的拉薩古城被亮「黃牌」，過分追求旅遊收益、隨意開發卻不承擔責任和兌現承諾，布達拉宮將可能被吊銷「世界遺產」的稱號。中國學者也批評：「大量外來人口的湧入，不僅會對西藏高原自然生態造成破壞，更有可能對西藏的獨特文化生態造成破壞，而後者一旦被破壞，將很難逆轉回來」。

　　遺憾的是，來自西藏的消息稱，布達拉宮近期日接待遊客和香客已超過四千人次，為了盡最大努力，滿足更多遊客參觀布達拉宮的需求，布達拉宮管理處決定將每日九個小時的參觀時間再延長一個小時。另一則出現在中國統戰部下屬網站的報導則說，參觀人數「如今每天有約六千名」。然而四年前，布達拉宮管理處已對每天八百五十名的遊客量告急，認為如此大的流量所產生的壓力，會使土木石結構的布達拉宮難以承載。說真的，包括我在內的許多藏人，很擔心這座象徵西藏文明的布達拉宮哪一天會被踩塌，那將是舉世震驚卻無法挽回的人類悲劇。

二〇〇八年一月（唯色）

# 獸皮「時尚」是如何產生的

　　達賴喇嘛不久前在印度舉行時輪金剛灌頂法會時，批評了境內藏人穿獸皮的風氣。其實過去的藏人，除了少數康巴貴族在衣領袖口和襟邊鑲一窄條獸皮做裝飾，其他藏人的服裝都是氆氌、氈子、布和綢緞，皮毛頂多是家養的羊皮。

　　然而今天，當愛護野生動物被當作文明標誌，全球都在反對用獸皮製作服裝時，藏人卻開始把獸皮做的衣服當作時尚追逐，穿的人越來越多，使用各種珍稀野生動物的皮毛——狐皮、水獺皮、豹皮，甚至虎皮，尺寸也越來越寬。得過中國聲樂大賽金獎的索朗旺姆在電視上演唱時，她的藏裝綢緞部分已經很少，大部分都是皮毛。那種服裝毫無疑問會讓人想到野生動物的命運。其實除了虛榮，獸皮服裝並不實用。藏曆年時，當你看到人們在日光灼熱的拉薩，一身大汗地穿著獸皮服裝拜年，會覺得十分可笑。

　　對這種風氣，除了達賴喇嘛的痛心疾首之外，還需要進

二〇〇七年的藏地，在官方組織的節慶活動上。

一步思考，爲何境內藏人會如此不合時宜，與世界趨勢背道而馳呢？我想，藏區各地政府這些年搞的所謂「文化搭臺，經濟唱戲」起了榜樣作用。爲了吸引投資，推動旅遊發展，各地搞起名目繁多的「文化節」，其中有一個重頭戲就是藏族服飾表演。表演帶有強烈的官方審美傾向，往往是那些穿戴昂貴服裝首飾的表演者能得到名次。這自然會鼓勵人們盡量用珍貴的獸皮，尺寸也用到最大。有時政府還會出面，借來衆多百姓家的珠寶，集中到幾個表演者身上。那些表演者如同珠寶店的貨架，個個身上堆滿珠寶，形象庸俗不堪。政府還得派警察對他們貼身守護，以免珠寶丟失或遭竊。

然而這樣的服飾表演卻容易引起媒體興趣，成爲衆多照相機和攝像機的焦點，隨後再通過媒體廣爲傳播，引起越來越多的藏人效仿。索朗旺姆那樣的知名歌手，不僅能在藏族青年中帶動時尚，對外界而言還代表藏民族的形象。很多不瞭解情況的人，僅通過從媒體得到的印象，就會認爲藏人全體都穿獸皮，而且自古就屠殺野生動物。

事實上，藏人是講慈悲的民族，非常忌諱殺生，藏人的形象被扭曲到如此相反的程度，應該是一個教訓──僅僅把文化功能當作經濟「搭臺」，結果只能製造出醜陋的文化。

二〇〇六年四月（王力雄）

# 妓女改行當導遊

　　一個患癌症的外國人想在藏區找藏藥治病，請一位藏人朋友幫忙。藏人朋友雖然不敢肯定藏藥可以治好他，但是能安慰患者心理，對病情也會有好處。然而負責接待那位患者的導遊卻處處設防，不讓藏人朋友和患者接觸，目的是自己帶患者去買藏藥能得到回扣。結果買的藏藥都是假的，價格卻翻了幾番，純粹是趁人之危的打劫。在人的生死問題上都要騙錢，這樣的導遊已是毫無良心。

　　藏區很多旅行社為了降低成本，付給導遊的工資很少，也不負責醫療、養老等保險，導遊全部靠從遊客身上弄錢，其中回扣是最重要的收入。旅遊團去「農家樂」，每個遊客交六十元，「農家樂」得分給導遊五十元，否則導遊就會把團帶到其他「農家樂」。一個囊瑪廳老闆說，導遊帶到他那裏去的遊客，最高可以收每張票三百八十元，可他只得二十元，其他都是導遊的。他還講了一個事情：某導遊誘導旅遊團一下午買了三十多萬元的東西，自己得了三萬多元回扣。晚上去酒吧，導

遊貪心還不夠，事
先通知酒吧老闆把
六百元的酒標價爲
一千五百元，沒想
到旅遊團中有人去
過那酒吧，一看酒

過去的加瑪林卡，現在的「太陽島」。

價改過，證明導遊別的事上也騙人，於是集體把買的東西全退
掉，導遊的回扣也丟了。

　　這樣窮凶極惡的逐利，旅遊當然不會有好的質量。「農家
樂」只能從每個遊客那裏拿到十元錢，就得靠剋扣提供給遊客
的食品、酒水以及降低歌舞表演的水平等才能維持。而導遊一
心只想著領遊客到消費場合，甚至羞辱不買東西的遊客，旅遊
怎麼還會吸引人？導遊吃回扣是藏區旅遊市場劣質化的主要原
因之一。既然有客源就能吃回扣，於是就競相壓價拉團。據說
有的旅遊團利潤低到從每個遊客那裏只能掙十元錢，連當地清
理遊客垃圾的費用都不夠，更不要說提高旅遊質量了。

　　嚴重的是，現在還有很多人把當導遊視爲致富職業往裏
擠。在拉薩大昭寺門口，隨時能看到內地民工自稱導遊招攬生
意，甚至妓女也改行當導遊。這樣的「導遊」如何能讓旅遊者
正確瞭解西藏的歷史和文化？

二○○六年五月（王力雄）

# 一個漢人的西藏挨宰記

　　一位在「薩噶達瓦」期間去西藏旅遊的朋友回來講他經歷的「一次搶劫」。他們一個旅遊團三十多人被領到拉薩市中心一個據說是佛學院的寺院。前面的感覺很好，殿堂古舊，佛像莊嚴，香火繚繞，喇嘛念經，然後帶他們去讓活佛摩頂加持。當大家內心充滿感動時，關鍵一步便開始了。他們被告知，活佛不會講漢語，因此不能把對每人命運的預測講出來，但是今天正好有一位能講漢語的高僧在，他來告訴每人的未來吉凶。

　　「高僧」採取的方式是單獨接見。他操著流利漢語，用內地巫師神棍的辭彙給每個人講了幾乎同樣的話，無非是「天庭飽滿、貴人吉相、大富大貴」等，然後話題一轉，恫嚇當事人近期會遭不順，有小人陷害等，若想消災祛禍，必須要燒高香。而燒香效果如何，取決供養是否心誠。

　　我的朋友不太明白，反覆詢問，「高僧」告知心誠體現在交錢多少。朋友問交多少，回答少則三千，多則三萬，越多

拉薩下密院——「居麥札倉」。

越好。朋友推託自己出來旅遊，身上沒有多少錢。「高僧」諒解地指點：「我們這裏可以刷卡。」朋友這時已經完全明白，前面的神聖莊嚴都是圈套，目的就是爲了錢。他的感動變成厭惡，幾次想拂袖而去，可是被「高僧」單獨接見的局面和環境，使拂袖而去顯得過於激烈，稍講情面就很難做出。朋友最後給了三百元錢才得以脫身。而單獨接見的精心設計，使得旅行團成員無法溝通，只能挨個被宰。當大家最後碰面時，得知人人都交了錢，我的朋友交得最少，多的交了幾千。大家共同的感覺是遭遇了一次被脅迫的搶劫。而在後來的旅途中，旅行

團又有三次被帶進類似的局，其中一次是在青海的塔爾寺。大家對西藏的評價，因為這種遭遇降低了很多。

順便介紹一下，我這位朋友是一九八○年代的共青團中央常委，與胡錦濤共事，曾在官場前途無量，但是因為反對鎮壓天安門運動，與中共決裂，從此追求自由民主，至今已是中國民主運動的核心人物之一。也許未來有一天，他可以對解決西藏問題發揮作用。可是第一次去西藏就讓他留下這種印象。我只能盡力給他解釋，問題並不在西藏本身，而是在西藏的殖民化後果。

我向朋友要來讓他遭遇「搶劫」的寺院照片，傳到拉薩去，拉薩那邊立刻認出，那是藏傳佛教格魯派弘傳密宗法要的最高學府之一——下密院。

二○○七年七月（王力雄）

# 在下密院欺騙遊客的是誰？

　　王力雄在〈一個漢人的西藏挨宰記〉中，說朋友去西藏旅遊時，在拉薩一座寺院被自稱可以測算吉凶的「高僧」敲詐。而朋友講述當時，我也在場。我不敢相信這是藏地僧人所為，反覆詢問。那位朋友第一次進藏，也不敢確定騙子就是西藏僧人。我把他發來的寺院照片傳到拉薩，請那邊的朋友辨認，結果竟然是「居麥札倉」，即中文所說的下密院。我在震驚之餘深感羞恥。

　　前不久，我回拉薩時特意去了下密院。與遇見的幾位年輕僧人問及此事，告訴他們許多人都以為這是寺院僧人所為，實在有損下密院乃至藏傳佛教的聲譽。我問：我們的寺院怎麼會發生這樣的事情？我們的「古修啦」（僧人）怎麼會做這樣的事情？僧人們非常生氣，告訴我：年初，一個旅行社帶著拉薩市宗教局和旅遊局的批示，與下密院簽署合同，聲稱是為了宣傳這座在佛學上很重要的寺院，並且幫助寺院創收，因此要在寺院裏開設商店，銷售佛事用品；因為僧人不會說漢語、英

拉薩札拉魯浦小寺門口兩邊的漢人男子是欺騙遊客者。

語，還要安排講解員。

　　有宗教局和旅遊局的批示，寺院不能不同意，旅行社的十來個人便成了下密院的工作人員。有年輕女子當講解員，對遊客卻自稱是「義工」；還有剃了光頭的四個男子，有時穿藏裝，有時穿袈裟，在佛殿樓上的房間裏各坐一處，用門簾隔成單間，單獨接見遊客，自我介紹是下密院專門請的佛學院學生，或內地寺院派來的法師、「援藏居士」，有的甚至乾脆假冒是懂漢語的藏人，來為旅遊局專門請的「金剛活佛」（其實

是寺院給遊客念經的老僧）當助手或翻譯，聲稱可以給遊客「開光」、「祈福」、「灌頂」、「加持」等，更可以為其測算吉凶禍福，而這一切當然都要付錢，而且越多越好。商店一口氣開了四個，一包在帕廓街小店賣八元的供燈酥油，用哈達包上，便騙遊客說是西藏最神聖的供品，最高賣過三千九百元。

目睹這些騙局的下密院僧人們看不下去這種勾當，主動提醒遊客那些人是騙子，不要上當，可因為他們說的漢語不好，遊客反而不相信。有的僧人和胡亂講解的講解員發生衝突，卻被警告要報警。僧人多次向宗教局反映情況，但是從無答覆。一位僧人對我說：「他們有後臺，我們告了多少次都沒有用。」直到一個二十多人的臺灣旅遊團，因為集體被詐騙投訴之後，有關部門才不得不處理，讓那個據稱是「桂林國際旅行社」的十來個人離開了下密院。

據說，像這種背後有宗教局支持在各寺院裏做生意的旅行社，目前拉薩還有七八個。也就是說，還有源源不絕的遊客會遭到類似我們那位朋友遇到的敲詐。然而除了遊客，受到更大傷害的，其實是西藏以及藏傳佛教！

二○○七年十月（唯色）

# 藏區出現黑社會

　　我在拉薩街頭見到這樣一個場面，兩夥身穿黑西裝的四川人相互對峙，似乎是要群毆或尋仇，突然鳥散。兩輛閃著警燈的警車開來，警察下車四顧找不到目標。警車一開走，黑西服又從四面悄悄現身，重新聚集。在拉薩看見這樣的場面，給人感覺非常詭異。那些黑西服是具有黑社會性質的團夥，之所以都穿黑西服，據說是模仿港臺電影裏的黑幫。

　　說到電影場面，我有一位家住拉薩的藏人朋友，夜裏胃病發作去診所輸液。突然闖進一幫漢人，抬進一個渾身是血的東北人。東北人被砍了很多刀，依然罵聲不絕，發誓要對方的命，並喝令跟在他身邊哭的女人滾蛋。急救期間，不斷有人來探望慰問。其中有一個康巴藏人，被眾人稱爲老大，讓東北人好好養傷，傷好了再報仇。我的朋友說那眞是大開眼界，過去只在警匪片中看到的場面，這次親眼看到了。不過看是看，卻不敢正眼看，生怕給自己惹來麻煩。

黑社會現象
不只拉薩有，在
其他藏區也有聽
聞。警方去年在
中甸搗毀的地下
賭場就有黑社會
性質，一方面誘

據說拉薩二環的這家娛樂城有五百名妓女和許多打手。

騙人賭博輸錢，一方面豢養打手，用暴力逼還賭債。一個無力
償還三十多萬賭債的人，用汽油澆身，點火自焚。另一個離家
出走的人至今沒有下落，不知死活。當地人普遍認爲賭場的後
臺有官員。據說搗毀賭場是省公安廳直接來人執行的，事先不
向當地官員透露，怕有人通風報信，衝進賭場時，果然還有官
員在裏面賭錢。


　　我不能證實上述聽聞，但黑社會現象的確經常是和權力
糾纏在一起。這在中國內地已經是非常普遍的現象，藏區也不
例外。一位在政府機關工作的藏人告訴我，官員去內地大城市
出差的時候，身邊總是會帶著老闆。老闆的作用就是爲官員的
吃喝嫖賭買單。而買通了官員的老闆，能攬到大資金的政府工
程，同時在使用黑社會手段進行暴力拆遷或對付競爭對手時，
也因爲「背後有人」，無需害怕有關部門干涉。很多黑社會式
的企業就是這樣壯大的。

二〇〇六年五月（王力雄）

# II 大一統的「中國表情」

# 古城如同大超市

今年到結塘，也就是現在的香格里拉，看到原本荒廢的古城正在復興。很多老房子被改作酒吧客棧，到處施工翻新，人氣也旺了起來，被當作一個新的旅遊熱點。我不免把結塘古城和相距不遠的麗江古城對比。麗江古城現在非常興旺，在整個中國具有很高的知名度，旺季時旅遊者人滿爲患，然而麗江古城有一個在我看來相當嚴重的問題——它幾乎完全排擠了本地人和本地文化。

麗江古城的中心部分，外地人占據了大部分店面，古城裏的經營活動基本被外地人主導。形形色色的外地人慕名而來，在古城租賃居民院長期居住。本地人則逐漸搬離古城，把古城房產當作收取房租的來源。而占據古城的外地人並不融入本地文化和傳統，他們跟當地人幾乎不來往，帶著一種優越感，看不起當地文化，不喜歡當地飲食，自成一個小圈子。我多次去其中一個音樂沙龍，從未在那裏見過本地人，也從未在那裏聽過本地音樂，全是外來人自娛自樂。

香格里拉的古城。

在古城裏能見到的本地人，被形容爲只幹三件事，掃街、守公共廁所和打跳（打跳是納西族一種民間舞蹈，現在由當地政府組織，跳給外來遊客看）。旅遊者來到麗江古城，並不能感受當地民族的文化，充斥周圍的是數不清的酒吧飯館，整個古城如同一個大超市，幾乎每條街的所有門面都在賣東西。寫著納西字樣的招牌和傳統樣式的裝飾雖然布滿視野，但因爲割斷了與本地文化在現實生活中的血脈聯繫，看上去就像布景那樣不眞實。

我遇到的一個藏人用一句古老詩歌表達，大意是，如果沒有佛，寺院修得再好也不過是一個空殼。他藉此說的是，即使結塘古城的建築還是舊的，但若是失去了原來的居民和生活，不就等於成了一座空城？

二〇〇五年十二月（王力雄）

# 朗色林莊園的命運

朗色林莊園是極美的地方，三面環山，一面是雅魯藏布江，安靜優美，一派山南農區的風光。莊園坐落在村子中間，主建築是一棟七層藏樓，據說已有幾百年的歷史。

我們的車停在朗色林門前時，一位穿劣質西服的先生從旁邊院子迎出，和我們挨個握手。且珍對他說藏話時，才發現他不是藏人，是個甘肅人。他自我介紹是旅遊局派來管理莊園的，擺出一副機關的作派，似乎他就是莊園的主人。對我們希望進莊園看一眼的請求，他回答「紅頭文件」規定任何人不得入內。

我們在莊園外面轉了一會，正要離開，當地一個藏人少年告訴且珍，村裏人都不喜歡那個甘肅人，他常以官家背景狐假虎威，欺負村裏百姓。其實他只是承包了莊園的林卡，根本沒有管理藏樓的權力。藏樓鑰匙在本村一個當過幹部的孃拉手裏。藏人少年說漢族不能進，但是藏人可以進，因爲這裏是藏

位於西藏自治區山南地區札囊縣的朗色林莊園。

人的地方。旦珍聽罷去找嬤拉，果然沒說二話，嬤拉從家裏趕來給我們開了門。我也順便借了藏人的光。

　　從外面看，藏樓不少部位已經坍塌，裏面塌得更厲害。樓頂幾層幾乎不剩多少立足之地了。一道殘破的門框上殘留著寫有一九五九年字樣的封條，披露了莊園主人朗色林與那場事件的關係。憑高遠眺，雅魯藏布江在陽光下閃耀，令人內心感

慨。歷史流淌，代代更替，生生死死，多少命運和感情在這裏發生，如今人去樓空，一片破敗。

據說政府準備撥款修復，但坍塌如此嚴重，不一定能修好。自從一九五九年朗色林家的人逃亡印度後，這座建築做過三年學校，後來一直荒廢，政府從未管過，成了野鴿子棲息繁殖之地。八年前一位流亡海外的藏人出了一筆錢，希望挽救這座歷史建築，但也只夠翻修門樓。三四年前因為揀野鴿子蛋的人踐踏，導致屋頂坍塌，從此雨水可以直接灌進樓裏，泥土夯的內部結構被雨水越泡越軟，房子開始大規模坍塌。如果能在屋頂破壞前就開始保護，肯定不會落到現在這種難以挽救的地步。

今天，旅遊成了熱門生意，朗色林也被當作可以賺錢的旅遊資源受到注意。當地政府想修復朗色林的目的，是把它變成可以收門票的旅遊點。那位喜歡打官腔的甘肅人，就是先行來把朗色林林卡搞成內地模式的度假村的。我不知道這是值得慶幸之事還是可悲之事。如果朗色林真的搞成了旅遊點，也許建築可以得到修復，但這安寧美好的田園，從此只能處於那位甘肅先生所代表的味道籠罩下了。

二〇〇五年五月（王力雄）

# 大一統的「中國表情」

　　去年年底，中國總理頒布了將中國傳統節日——清明、端午和中秋改爲法定假日的法令。假日各爲一天，全國都要執行。這個國家的十三億人，五十六個民族，都須在這三天過這三個屬於漢民族的節。

　　這一法令的推出，實際上醞釀了很長時間，鼓譟了很長時間。在從上至下、日益濃厚的民族主義氣氛中，傳統節日如死而復生，被官方學者認爲「有助於增強民族凝聚力和提高國家文化軟實力」。官方出版了《我們的節日》一書；中央電視臺製作播放了《我們的節日》七集電視片，都是漢民族的傳統節日，沒有一個是其他民族的傳統節日。

　　《人民日報》的一篇文章將中國的傳統節日比喻爲「中國表情」，熱烈讚揚清明、端午和中秋的法定化是「漸漸明朗的中國表情」，並且堅決地說，這些傳統節日「作爲文化中國最突出的『表情』，成爲我們文化認同、民族認同的重要標

二〇〇七年秋天，拉薩拉魯小學門口的標語：「我是中國娃，愛說普通話」。

誌」。

　　清明、端午和中秋都是漢民族的古日，每一個日子都有著長長的故事，伴隨著一年四季的節氣，清明與漢民族的葬俗有關、端午與中國古代的人物有關、中秋與漢民族的民間傳說有關，所以有清明祭掃墓地、端午紀念古人、中秋闔家團圓的習俗，成為漢民族文化傳統的一部分，但卻不是其他民族的文化傳統。

　　僅是漢民族自己的節日也就罷了，但是中秋節吃月餅的習俗相傳是在推翻元朝時，漢人將「八月十五殺韃子」的紙條夾在餅子裏傳送各地形成的。無論這是傳說還是事實，漢人百姓大都如此解釋。用Google可以搜索到八千多條「八月十五殺韃子」，足見傳播之廣，很多蒙古人因此對漢人的這個節日十分

反感。把這個日子法定爲全國性的節日，明顯是不在意其他民族感情的大漢族心態。

而對藏民族來說，大部分西藏人並不知道清明、端午和中秋是怎麼回事，隨著這些節日被法定化，也就意味著西藏人，尤其是西藏人的孩子，將在過節中逐漸被同化。正像《人民日報》的文章所說：「若干年後，當我們的孩子習慣了清明踏青、中秋望月時，誰說不會正是這些節日的薰染，讓他們領會了文化中國寓意深厚的『表情』」。由此我想到了我的成長過程，我從小所受到的教育，使我能流利地背誦唐詩宋詞卻不知偉大的修行者密勒日巴的一首詩，我滔滔不絕秦始皇修長城卻說不出布達拉宮如何修建，我熟悉魯迅遠遠超過我對六世達賴喇嘛倉央嘉措的瞭解，事實上，有很長很長的時間裏，我個人的表情已經變了。而我對本民族的瞭解都是後來自學的，因爲我的內心認同的是西藏。

沒錯，清明、端午和中秋對於漢民族來說是「中國表情」，然而，當局以立法形式來表達一種國家態度，意味著這個「中國表情」必須被其他民族認可。或者說，在大一統的「中國表情」裏，其他民族的「表情」將是被取消或被替代的。

二〇〇八年一月（唯色）

# 唐卡是文成公主發明的嗎？

　　前幾天，中國大報《南方都市報》上有一則消息，介紹一位新近出名的女演員下一部參演的電影，可能是武俠新片《唐卡》裏的文成公主。對這個女演員的消息我並不關心，但關於唐卡的說法吸引了我。是這麼說的：「作為藏族文化中獨特的繪畫方式，唐卡興起於松贊干布時期，也有傳說是文成公主發明的：文成公主進藏之時，怕在高原不易攜帶佛像，於是用含有礦物質的顏料在畫布上繪製佛像。電影《唐卡》就是以文成公主遠嫁松贊干布，傳播中原文化為故事脈絡的一部武俠電影。」

　　唐卡會是文成公主發明的嗎？若真如此，至少應該在中國古代的繪畫史上留下證據，可是為何沒有？不知是那個記者胡說八道，還是這部電影的編劇胡編亂造，但這麼堂而皇之地以訛傳訛，有必要予以澄清。

　　幾年前，為了寫有關唐卡的文章，我在拉薩採訪過諸多唐

卡畫師，有的是傳授唐卡繪畫的大學教授。回顧唐卡的歷史，他們認為可追溯到佛陀釋迦牟尼時代，畫師們為了給世俗人間留下度化眾生的佛陀形象，對著佛陀在水中映下的倒影進行描摹，然後製成畫卷。西藏每個受過傳統訓練的畫師，都會如數家珍一般講述這美好的傳說，包括西藏的第一幅唐卡是吐蕃國王松贊干布用自己的鼻血畫的護法女神白拉姆。也有說法認為，唐卡源於吐蕃時代的文告和僧人講經說法時隨處懸掛的布畫，歷史長達一千四百多年。還有說法認為，唐卡早在更為久遠的象雄古國便已出現，用以傳播最早的宗教——苯教。不論何時，唐卡的形式必定與遊牧部族的生活經驗相關。西藏人趕著牲畜在遼闊而荒涼的高地上逐水草而居，裹成一卷的唐卡成為漫漫長途中隨身攜帶的廟宇。

關於唐朝皇帝把宗室之女當成公主嫁往西藏，王力雄在他關於西藏研究的著作《天葬——西藏的命運》中這樣說：「很多中國人都是通過文成公主的神話認識中國與西藏的歷史關係，似乎中國把公主嫁到哪，哪就從此屬於中國了。這是一種有些可笑的邏輯……固然，正經從事史學研究的人還不至於把嫁公主當成國家主權的證明，但是過分誇大文成公主對西藏的重要性，卻是一種相當普遍的現象。似乎是因為文成公主進藏才使西藏有了文明，包括醫療知識、技術工藝、烹調知識、蔬菜種子，甚至西藏的佛教都是文成公主帶去的。就算這中間有若干真實，然而過分強調，就成了一種民族自大的傾向，似乎

藏人傳統藝術家在繪畫唐卡。

只要漢民族嫁出去一個女兒，就能改變另外一個民族的文明和歷史，並且成為兩個民族世世代代不可分割的根據。事實已經證明這不過是一廂情願的神話。」

然而這個神話從來沒有消停過，現在看來又要變成電影了。對此，一位藏人在網上幽默地笑說：「唐卡又成漢人發明的了，過一陣子，藏人也會成為漢人創造的，哈哈。」

二○○七年十一月（唯色）

# 住在「社會主義新農村」的藏人

　　近年來，廣大藏地在轟轟烈烈地建設「社會主義新農村」。公路邊，全是一幢幢外觀相似、排列整齊的新房，房頂上飄揚著五星紅旗。官員們用高分貝的嗓門聲稱：「西藏目前處於歷史上最好的發展時期。」可是從土石結構的老屋中搬進所謂「安居」新房的農民們，卻給新房子起了這麼一個名字：「北嘎洛追康薩」。

　　「北嘎」直譯為白白的額頭，比喻失去了福報、運氣；如父母過早雙亡，就說自己「北果嘎波恰夏」（額頭變成了白的）。「洛追」指的是牛肺、牛腸等雜碎，在過去只有地位低下的人才吃，比喻的是低級、窘迫的生活方式。「康薩」即「康巴薩巴」，意思是新房子。當「社會主義新農村」不可阻擋地改變了西藏農村的傳統面貌，西藏的農民們用新造「北嘎洛追康薩」這個名字，表示房子雖新卻沒有福報而變得窘迫，表達了自己的不滿和無奈。

堆龍德慶縣東嘎鎮東嘎村在拉薩西郊，「安居」新房的規模看上去如同拉薩城裏的居民小區，其對面是一個巨大的工地，機器在轟鳴，拔地而起的鋼筋水泥將在不久變成現代化的國際汽配汽貿城。工地的周圍被一圈用中文書寫的廣告環繞著，其中一個廣告可謂精彩之極，乃是當今西藏官商合作、攜手撈錢的最佳注解：「坐享政府特殊政策，在特區你只管賺錢。」還有一個廣告也流露出強悍的掠奪意味：「樞紐才是黃金地，攻占特區，坐鎮樞紐。」

　　這個特區正是東嘎村的村民們過去的家園。那麼，搬離家園的村民們又坐享了什麼樣的「政府特殊政策」呢？我隨意走訪了一戶人家，兩位轉動著轉經筒的老夫婦起先很謹慎，後來才一點點地吐露了真情實況。沒錯，村民們如今住的新房，政府給的補助是主要。但是，政府從村民手中收購土地，一畝地才付二‧八萬元，也就是說每平米不過四十五元，加上建新房

農民眼看著過去的家園變成了「特區」。

的補助，等於是村民賣地每平米不及六十元。而在村民土地上建起來的汽配汽貿城，目前一期開盤，所售鋪面每平米達六千至六千二百元，租賃每平米每月四五元。

失去了全部土地而只有一幢新房的農民，內心的不安全感是前所未有的。他們承認新房比舊房好，可過去有土地，即使再辛苦，心裏也踏實。如今看上去住上了城裏人那樣的房子，可他們知道自己永遠也不是城裏人。一聽說城裏的幹部職工漲工資就害怕，因為這意味著市場物價也會隨著上漲，牛肉和酥油越來越貴，他們只好越來越少吃。一些村民用賣地的錢買車跑運輸跑出租，但又不知在城裏的哪個單位辦理相關手續，經常被當成「黑車」遭罰款。出於擔憂子女們將來挨餓受窮，很多家裏都儲存了一袋袋的青稞，那都是在以前的土地上收割的糧食。

兩年前，村民們曾連續上訪四個月，希望政府每畝地付款十萬元。堆龍德慶縣的一位藏人官員因為幫助村民上訪，招致拘押後被撤職，另一位藏人女官員強力阻擾上訪有功，如今官至拉薩市副市長。村民最後一次上訪，遭到自稱是「西藏人民父母官」的自治區政府主席向巴平措的親口呵斥：「你們再來上訪，別說兩萬八，連一分錢都拿不到！」

二〇〇七年九月（唯色）

# 走出大山的藏人少婦

　　在拉薩到上海的火車上，我的對面臥鋪是一個藏人少婦。她老家是雲南迪慶州的德欽縣，與西藏自治區一江之隔。她到拉薩看望正在拉薩朝佛的父母，然後坐火車回江蘇的揚州。她在那裏帶一個藏人女孩組成的舞蹈隊，給娛樂場所演出，或者是去各種開業或慶典的場合表演。去掉全部費用，她個人每月能掙七、八千元。不過她說，她哥哥在拉薩的容中爾甲囊瑪廳裏唱歌，一個晚上就能掙一千元。

　　他們兄妹原來像家鄉其他藏人孩子一樣，上了幾年學就回家幫父母幹活，每年上山挖蟲草、撿松茸，同時都繼承了藏人能歌善舞的能力。九〇年代後期，內地搞歌舞業的老闆逐漸把目光轉向了偏僻的藏區，那裏有俊美的少男少女，從小會唱會跳，不用花工夫培養就能直接上臺表演，而且還有民族風情。於是他們兄妹被一個商業歌舞團選中，隨團到海南、北京、天津等地去演出。

火車穿過青藏高原。

　　幾年後，他們逐漸發現，老闆給他們的錢很少，而老闆自己掙的錢很多，這一行吃的是青春飯，年紀大了以後怎麼辦？他們開始想這個問題，決定離開老闆自己幹。於是他們回到家鄉，像當年內地老闆招他們一樣，招了另外一些藏人女孩，組建了自己的舞蹈隊。幹這一行幾年下來，他們已經有了不少關係，於是去內蒙、去新疆、去東北，從去年到現在是落腳於揚州。現在，她哥哥去拉薩唱歌，她則找了個漢族丈夫，兩口子一塊經營自己的舞蹈隊。

　　她說以後除了回去看父母，她不會再回家鄉了，只能跟丈

夫住在漢地。她同村有九個跟她一樣大的女孩，其中六個嫁給了漢人。我問原因，她說藏人小夥長得帥，可是愛玩，喝酒賭博，不是過日子的人。去年她回家鄉，村裏年輕人幾乎全都外出打工了，只剩下老人在家種地。而年輕人一旦在城市待了一段，就再也不願意回農村了。

我問她，她帶到內地城市去演出的女孩子，到了不能跳舞的年齡，會怎麼辦呢？未來的出路是什麼？她說不知道，她也想不清楚。家鄉很多女孩子都去外面跳舞了，給內地的有錢人喝酒吃飯時助興。客人有時會給小費，讓女孩子陪酒。她說她的舞蹈隊不允許，因為那樣的女孩子很快會墮落，那時怎麼向她們的父母交代呢？我猜那些女孩子最好的出路，就是像她一樣，找個漢族城裏人結婚吧。

最後她說，她懷念沒有離開家鄉前的日子，雖然錢不多，可是快樂，只是那種日子再也沒有了，一想起就要掉眼淚呢。

二○○六年十二月（王力雄）

# 蟲草之害

　　現在蟲草的價格不斷上漲，一斤賣到四、五萬。很多場合蟲草都是論根賣，好的一根七十元，貴的可以達到上百。有蟲草的地區，一家人在挖蟲草季節的一個月就能掙到二十萬元。各家蓋房子，買汽車，都是靠賣蟲草的錢。

　　蟲草變得這麼值錢，人們夢想的東西都靠它才能得到，於是便成了被爭搶的物件。圍繞著小小蟲草，械鬥、仇殺、欺詐、搶劫到處發生，村莊之間畫地為牢，用暴力驅趕進入自己地盤的鄰居。原來的親戚可能變成誓不兩立的仇家，從小一起長大的朋友現在也可能互相追殺。這樣的現象，在不少地方都能看到。

　　跟蟲草收入相比，靠放牧或農耕掙錢就顯得太辛苦也太微薄了。一年的勞累，比不上幾根小小蟲草，因此有些人就不再願意勞動，牛羊不放了，田地不下了，祖輩傳下來的手工藝也放棄了，每年除了挖蟲草的那一個月拚命地幹，其他時間就是

在藏地市場上銷售蟲草。

無所事事，終日閒逛了。

　　人閒了，就會琢磨其他事，所謂的「富貴思淫逸」。即使在偏遠的貢覺縣城，現在也有了多家咖啡酒吧，有了內地和本地的妓女。深山裏的寺院擋不住紅塵污染，僧人們紛紛到城市和內地去找錢，享受世俗的愉悅。原本清淨的寺院隨之腐化，廟堂蓋得越加高大堂皇，活佛坐上了價值上百萬的汽車，甚至聽說有的寺院裏還安裝了電梯。然而經文不學了，僧侶心散了，寺院內部生出種種糾紛、矛盾和煩惱。如果連寺院和僧侶都在發生如此的變化，普通百姓的變化當然更是擋不住。

　　錢是多了許多，可是生活卻不見得更好了。往往那些門口有汽車、屋子裏有彩電的人家日子卻過得更窮。治多一個朋友講了他老家那有這樣一家人，房子周圍扔著十四輛騎壞了的摩托車，老婆和女兒平時抹口紅，用慕絲，家裏卻沒有一頭牛羊。一個騎摩托車路過的外地人壞了輪胎，看他家周圍散落的摩托車，以為是摩托車修理鋪，提出買一個輪胎。主人給從舊車上拆下一條輪胎，不要錢，而是要過路人脫下鞋來換，因為他全家已經沒有一雙完整的鞋。

　　目睹世事變遷的老人們感歎，過去誰家裏死一個人，家家都會為死者點起酥油燈，現在則是見到外面來個人，個個都想著怎麼從他那裏得到一塊糖。

二〇〇七年十月（王力雄）

# 錢多人受苦

前幾天和一位從牧區來的藏人朋友聊天，他說現在牧民普遍比過去有錢了，但是健康狀況卻下降了。他的結論來自這樣一種觀察，過去夏天生病的人很少，但現在夏天生病的人幾乎跟冬天一樣多。

我問原因，他說首先是吃得差了。這讓我感到驚訝，為什麼有錢了，吃得反而會差呢？他說正是叫錢弄的。過去沒有市場化時，一家人每隔幾天就會宰一隻羊，肉吃得很多。現在一隻羊在市場上能賣好幾百元，捨不得吃了。一想宰羊就會算損失了多少錢，便會因為心疼而不吃。酥油也大部分拿到市場上賣。連自己家喝的牛奶，都是打完酥油剩下的。還能有多少營養呢？

這也導致了人際關係的變化。過去到牧民家，會端出大盤肉讓客人吃得飽飽的，現在則捨不得了。所以現在到牧區去，要自己準備吃的才不會挨餓。即使是我這位藏人朋友回自己的

牧民被遷移到遠處的紅磚房。

老家，都要這樣準備。

　　吃肉少的另一個原因是羊養得少了。放羊麻煩，必須有人看管，容易被狼吃，晚上要進圈等，不如放牛那麼簡單。現在的年輕人普遍比較懶，因此不願意養羊。藏人朋友說，他家鄉一帶百分之六、七十的家庭已經不養羊，只有牛。而對吃肉來說，一隻羊可以很快吃完，可是夏天殺一頭牛，肉多容易變質，所以夏天不適合殺牛，沒有羊的家庭也就不容易吃到肉了。

我問肉和酥油吃得少了，什麼吃得多了呢？他說市場賣的那些塑膠包裝的東西。年輕人喜歡類似速食麵、速食的食品。很多家庭也開始像漢人那樣炒白菜炒粉條吃米飯。那種飲食並不適合高原牧區，因此今天的牧民在自己的土地上，適應環境的能力不斷下降。

生病多的另一個原因是騎馬變成了騎摩托車。高原風冷，摩托車速度快，騎車人容易受涼。馬在草原上哪兒都能走，摩托車只能走比較平坦的水道，車輪濺起的水使騎車人下半身總是濕的。加上服裝變化，過去穿藏服，保暖好，尤其是保護腰腎，現在穿現代的短衣服，透風透水，人自然容易生病。

那位藏人朋友感慨，人變成為了錢而活，這樣的生活有什麼意思呢？這使我想起一位藏人作家說過的話：「我們丟掉了我們本來擁有的，去追求我們本來不需要的。」

二○○七年四月（王力雄）

# 重回半世紀前的勞改地

　　長江、黃河、瀾滄江的源頭地區成立了「三江源自然保護區」，原本在那個地區放牧的藏人牧民被分批遷移出來，安置到格爾木市。被遷移的牧民一開始很高興。他們早就嚮往城市生活，現在政府給蓋房子，發給生活費，簡直是太好的事情，於是便離開草原，搬到城裏住。

　　住進了城裏房子，要添置全套家具才像城裏人。他們買不起新的，只能買舊的。格爾木的舊家具市場被遷移進城的藏人帶動，從開始四百元錢能買全套家具，漲到了現在一張桌子都要四百元。

　　有人形容，當牧民面對市場，就像小孩子進了超市，什麼都想拿。他們買汽車、買電視，學著城裏人那樣用手機、用化妝品，下飯館，進娛樂廳，很快就把手裏的錢花光。他們學會了在城市裏花錢，卻不會在城市裏掙錢。他們接受了城市奉行市場的規則，卻沒有能力在那規則中競爭和取勝。無事可幹的

遷移到格爾木市的「生態移民」。

他們在街上閒逛，看商店裏有什麼，看城裏人如何消費，於是
更會感到手上缺錢。可是怎麼得到錢呢？

　　在格爾木去拉薩的青藏公路上，近年出現了一種案件，
作案者埋伏在公路兩邊，用繩索像套馬一樣甩向公路上疾馳的
摩托車，把騎車人套住拽下，然後把摩托車搶走。這種作案方
式，讓人不禁猜測，只有會放牧的人才有如此本事。

　　遷移者的變化不是停留在城裏，他們和原來生活的土地、

人群仍然有千絲萬縷的聯繫，於是變化和衝擊也就隨著來來往往延伸到他們的家鄉和族人。事實上，這些年的經歷已經顯示出，市場化就像衝進羊群的狼，橫掃一切，想怎麼樣就怎麼樣，牧民沒有任何抵抗能力，只能被狼趕著跑。

從進城的興奮逐漸冷靜下來，遷移者發現離開了草原，放棄了原本熟悉的生產方式，結果使自己淪落到最底層。在市場上，他們只能找到類似挖溝填土的工作。當他們用笨拙動作使用以前從未摸過的鐵鍁時，那種形象讓藏人中的老一輩痛楚地回憶起，一九五九年被抓到格爾木勞改的藏人，雖然事隔將近半世紀，可他們的形象簡直是一模一樣，幹的是同樣的活，也同樣都是離開了草原，住到了只有石頭和沙子的戈壁灘上。雖然今天來格爾木的人似乎是出於自願選擇，但是放到時代的大背景下，所謂的自願也不過是一種錯覺而已。

二○○七年五月（王力雄）

# 「我們把我們的神靈拋棄了」

近年來，青海省開始實施「生態移民」政策，因爲官方認爲世代以遊牧爲生的藏人的生活方式，對當地的生態環境造成了威脅。至二〇〇七年底，已有六萬遊牧藏人搬遷到由政府開發的新城鎮。曲麻萊縣是黃河源頭，那裏的遊牧藏人被分批遷移出來，安置在格爾木市南郊的沙灘上。他們賣掉了牛羊，每戶每月可以領到政府發的五百元，期限是十年。

二〇〇七年八月的一天，我去了格爾木的一個有著三百多戶的移民新村，正遇上從康地來的一位活佛傳播佛法。建成三年的移民新村，既沒有可供老年人和信徒轉經的佛塔或「嘛呢拉康」，也沒有一個僧人。許多人都聚集在小小的屋子裏，而不是像過去那樣聚集在寺院中聽聞佛法，且以老人和女人爲多。

一些年輕人在新村裏轉悠，也有人在打撞球。開設打撞球的都是女人，守一個撞球桌等客人來打球。我找到幾個男人

問：覺得這裏好，還是老家好？他們說：當然是老家好，這裏連根草都沒有，一颳風全是沙塵。我又問：你們搬到這裏，家鄉的山神也跟著搬過來嗎？他們低下頭說：怎麼會？我們把我們的神靈拋棄了，我們把我們的牛羊拋棄了，就爲了每個月的五百元。我又問：全家五百元，夠嗎？他們說：你知道這城市裏什麼東西都貴得很，我們肉不敢多吃，酥油也不敢多吃。我又問：十年後，政府不給那五百元了，怎麼辦？他們中有人說：那就回老家唄。另一個人說：牛羊都賣了，草場也沒了，回老家也不知該怎麼辦。我至今忘不了他們眼神中的茫然和任憑擺布的那份無奈。

據瞭解，孩子們在另一個移民新村的小學裏上學，漢語教學，學習條件比原來在牧區的學習條件要好。但是他們的父母，因爲不會漢語，打工和做生意都有困難，無法融入城市生

「移民新村」的藏人。

活，找到的也只是類似挖溝填土的工作，一天才二十元。

他們還告訴我，雖然每戶住房都有院子，有廚房和衛生間，看上去不錯，可是因為沒有生活來源，所以家裏空蕩蕩的，買家具也只敢買舊貨，質量很差。舊家具市場被回族控制，價格越來越高。住在城市的房子裏，一切都很陌生，煤氣有毒不知道，煤氣壞了也不懂得怎麼修。因為水資源缺少，每天只有兩個小時有水，所以即使每家每戶都修了廁所，但還是習慣到外面去解決。以前牧區的人是很少吃蔬菜的，現在常常吃，但是看到市場上很多菜都不知道該怎麼做，一些賣菜的回族和漢人會哄抬賣給藏人的菜價。

我去了一對年輕夫婦的家裏。男人屬於聰明人，他把牛羊交給親戚照管，和妻子搬遷到這裏。他說，如果這邊待不下去了，我們還可以回老家；老家的親人要進城，也可以住在我們這裏。他的妻子新買了個二手貨的手機，讓我教她怎麼用。當我離開時，剛認識的女人突然拉著我的手落淚，讓我很無措。

回旅館的路上，漢族司機說，二〇〇六年冬天，兩個藏人移民在西大灘殺了一個計程車司機，還搶了車，後來被抓。所以現在格爾木的計程車都不肯搭載藏人。

二〇〇八年一月（唯色）

# 草原是有文化的

　　中國的大江大河，源頭主要集中在藏區。以前藏區森林大量被砍伐，運往內地。一九九八年中國發大水後，當局認識到江河上游生態的破壞是重要原因，於是停止了砍伐森林。

　　藏區人民從來反對砍伐森林。記得當年在甘孜州看到森林著火，幾個藏人在對面山上喝著啤酒觀看，又叫又笑。他們對自己的行為解釋說，與其遲早砍了給漢人用，不如燒火讓自己看個熱鬧。這其實是一種無奈的宣泄。

　　當發水使中國內地嘗到了破壞生態的報復，採取的措施卻是要讓藏人負責。目前最為流行的說法，是把江河上游的生態破壞歸咎於藏民「過度放牧」。不管什麼場合，即使是什麼都不懂的人，也把「過度放牧」掛在嘴頭。出臺的措施，順理成章就是讓牧民離開草原，不再放牧。

　　制定這種政策的人想得很簡單。牧業不就是為了得到肉奶

遷移牧場的藏人。

產品嗎？現代的工業化飼養足夠提供相應的產品，已經不再需
要那種落後的生產方式，因此牧業就可以被取消了，生態也就
會由此得到好轉。在他們心目中，放牧只是單純的經濟活動，
其中沒有文化，也沒有人，隨時可以被另一種經濟方式取代。

中國的政策制定者多數是工程師，他們的思維邏輯是唯物的，因果關係被當作直線。既然「過度放牧」了，生態的敵人就是牧民，而理想的草原則應該是沒有牛羊的，只要把人和牛羊趕出草原，生態就會萬事大吉。他們卻沒有回頭看看，藏人祖祖輩輩在草原放牧了幾千年，為什麼過去生態沒有破壞，也不存在過度放牧呢？

　　一位朋友最近去西班牙參加世界牧民大會，有專家提供了一種試驗的結果——用光照模擬陽光和氣候變化，用割草模擬牛羊吃草，經過長期觀察顯示，有放牧比沒有放牧的草原更有利生態的多樣化，因此放牧對草原生態應該是有利的。

　　牧業在草原上從事了幾千年，已經變成了草原生態的組成部分，構成自然循環的環節之一。它除了是一種自然生態，還是一種人文生態。當決策者認定工業化飼養可以解決肉奶供應時，也許沒錯，然而人的世界在物的層面之外，還有文化存在。牧業是人類最古老的文化，也是牧民與生俱來的生存方式，那是不應該按照工程規劃一筆勾銷的。

二○○七年十月（王力雄）

# 把整個藏族裝進一個城市？

我很吃驚地聽過一位藏人作家提出這樣的設想：「藏族人口總共五百萬，不到北京一個城市的一半人口，如果中央撥款建幾個大企業，讓全部藏人進企業工作，再形成一個城市，把所有藏人都變成城市居民，西藏目前面臨的各種問題就都可以得到解決了。」

這是一個把城市化推到符極端的設想。簡單地論證，這種設想不是沒有可能實現。深圳不也是從無到有，從一個小漁村變成現在幾百萬人的大城市嗎？對於中國今天的國力來講，把整個藏族裝進一個城市，只相當於重建一個深圳，邏輯上應該可以做得到。

然而那意味的是什麼呢？人類原來是在這地球上尋找各種可能的生存空間，延伸到各種可能的極限，去找適合自己生存的家園，也發展出適合當地的文明。藏文明是在占中國近四分之一面積的「世界屋脊」形成的獨特文明。如果藏人都集中到

為遷移藏人建立的「移民新村」。

谷地或平原上的城市中，享受超級市場、夜總會、高樓大廈，
就具體個人的生活而言，不是不可以。但那時的西藏高原就會
成為人類棄絕之地。對於藏民族，生產方式的改變就使生活方
式隨之改變，傳統和宗教也會隨之衰落，西藏文明最終必將退

出人類舞臺。而失去寶貴和獨特的西藏文化，對人類無疑是巨大的損失。

　　也許對那位藏族作家來講，是否能夠保留西藏文化並不重要，沒有理由為了豐富主流社會的審美、旅遊和獵奇，就讓藏人永遠留在遊牧和農耕時代，西藏有權利加入城市化和全球化。我當然明白這種要求義正詞嚴，無可非議。也許城市化和全球化最終不可阻擋，但是我的擔憂，不僅僅是這種進程將從審美角度造成可怕的單一，還有一個擔憂更為重要。人類航船在駛向未來的旅途中，總是會遇到風浪。一旦有一天發生重大危機，會需要從先人的古老智慧中尋找啟迪。不同的文化資源曾經面對不同歷史和發展，可以從自己的角度提供獨特的經驗與幫助。假如人類那時只剩下一個單一文明，也就失去多樣化的選擇和豐富獨特的啟迪。如果那時這世界還有佛教文明、伊斯蘭文明，以及各種古老民族的文化和傳統智慧傳留下來，無疑可以提供更多的辦法，讓人類能夠擺脫困境，重鼓風帆。

　　怕的就是到了那時，我們已經一無所有。

二○○七年六月（王力雄）

III　袈裟與警服

# 活佛死刑與僧房被拆

　　最近去康區，我看到靠挖蟲草和採松茸，當地百姓的生活水平普遍提高。一位老人跟我說，他認為目前的物質生活可以說最好，但他並不因此滿足，因為對於他，宗教信仰比物質生活更重要。在當地人民心中，康區的兩大事件——康北色達五明佛學院被整肅和康南丹增德勒活佛被判刑，至今仍然是陰影。

　　幾年前，高僧晉美彭措建立的色達五明佛學院遭到當局整肅，四千多名藏族女僧眾只許留下四百人；四千多名藏族男僧眾只許留下一千人；而上千名漢人學佛者必須全部離開。當局工作組指揮雇來的漢人民工摧毀僧人住房，以讓僧眾無處存身的方式逼迫他們離開。高峰時一天拆毀一千七百多座僧房。摧毀房屋時塵煙四起，上千尼姑抱頭痛哭，震天動地。

　　二〇〇三年一月，甘孜州雅江縣的丹增德勒被判死緩。他的俗名是阿安札西，是一位廣受當地信教百姓擁戴的活佛。當

唯色於一九九九年拍攝的丹增德勒仁波切。

局指控他策劃並指使實施了多起爆炸案，但當地百姓很少有人相信，而認定是由於他和當地政府的矛盾遭受陷害。

　　甘孜州當局和丹增德勒的矛盾，典型地反映了政權對宗教的干涉，政府對丹增德勒的指控分別為：一、把帳篷寺院改建為土木結構的寺院；二、擴建了寺院；三、修建了一處「念經活動點」；四、指認了兩名活佛的轉世靈童；五、插手干預另一個寺院的搬遷。不難看出，這每項指控都屬於宗教事務。如果真如中國政府標榜的那樣宗教自由，政權不該對任何一項

進行干涉。然而政府不但這樣做了，還宣布：一、取消丹增德勒的活佛身分，責令其只許做一個普通僧人；二、否定他指認的轉世靈童；三、規定他不得去其他寺院參與活動；四、罷免其雅江縣政協委員職務。這中間，除了罷免政協委員可以由當政者決定外，其他無疑也是對宗教的干涉。尤其由一個信奉無神論的政黨地方分支機構來罷免活佛和決定靈童，簡直毫無道理。

中國當局不斷表示西藏有宗教自由，西藏的最高當權者張慶黎在接受德國《明鏡》週刊採訪時，用「在西藏，人們朝聖，轉經，拜佛」來證明。的確，旅遊者可以看到西藏寺院香火繚繞，藏人燒香磕頭，但那是否等於宗教自由呢？藏人的看法是，目前這種表面香火旺盛的寺院，性質相當於對外表演的展覽館，只讓老百姓點燈磕頭的宗教自由，作用是欺騙外來訪問者，遮掩西藏宗教的命脈——被稱爲「三寶」的佛、法、僧——受到遏制和摧殘的實質，因此這種所謂的「宗教自由」，還不如沒有更好。

二○○六年十一月（王力雄）

# 保佑發財的札基拉姆寺院香火旺盛

　　在拉薩的寺院可以看到眾多遊客和朝拜的香客，香火旺盛，寺院收入的門票錢和供養逐年增加，寺院大興土木，看似佛教興隆。然而西藏宗教界人士卻憂心忡忡。在他們看來，佛教不在華麗形式，而是在人內心。目前寺院卻越來越變成商業化的旅遊景點。位於拉薩中心的大昭寺，一百多位僧人從早到晚忙的都是接待遊客、賣票、導遊、售貨、打掃衛生，和旅遊點管理人員所作所為沒有兩樣，很少有時間學習佛法。目前西藏境內的僧人在宗教造詣上遠遠落後於國外。這樣的結果勢必造成宗教衰微、奢靡之風興起與社會風氣敗壞。同時，宗教失去哲學思想的傳播，使得信眾只會燒香拜佛，信仰僅停留在迷信層面，而無法瞭解宗教的真諦。

　　僧人們把寺院旅遊搞得再好，收入再高，卻不是僧人出家的目的。僧人出家是為了學習、修行和傳法，佛教有高深的哲學體系，不通過長期艱苦的學習和專心修行不可能掌握。而對佛教來講，只有僧侶修行得好，才能普及佛法，教化百姓，

從而實現佛教的真正興盛。而在目前這種狀況下，僧侶能掌握的往往只是佛教形式，佛教活動也往往只限於表演。

據說札基拉姆寺的神靈愛喝酒，故寺院門口的酒生意很火。

因此，透過華麗的外表和旺盛的香火表面，西藏宗教其實正在衰微，無論在宗教界內部還是在整個社會，宗教訴求往往落入追功逐利的庸俗。拉薩一個供奉札基拉姆的小寺院，近年被人認為在保佑發財方面特別靈驗，於是那寺院往往擁擠到無處停車，排隊磕頭的人形成長龍，香火之盛超過供奉釋迦牟尼的大昭寺。而每到高考之前，更是有絡繹不絕的父母帶著孩子去求保佑。

一位喇嘛批評這種現象說，佛教雖然也可以解決眼前問題，但那不是佛教的目的，佛教的目的是解決終極問題。如果只是為了解決眼前問題，動物在很多方面都比人強，狗可以聞味找東西，鳥能飛，魚能潛水，老馬識途等，何必要拜佛？

二〇〇五年五月（王力雄）

# 袈裟與警服

　　我有一位在北京當大學教師的漢人朋友，幾年前放棄一切去色達五明佛學院出家。他給我講了一件事。色達五明佛學院的晉美彭措法王在成都治病時，一位常在漢地活動的藏人活佛去看他。那位活佛穿一身西裝，打領帶，戴禮帽。晉美彭措當場批評他：僧人穿俗家衣服等於是穿魔衣，連警察都知道要穿制服，展示他們的身分，僧人更應該保持自己的形象。那位活佛辯解說，在內地穿袈裟很多事不方便，還可能惹麻煩。晉美彭措反問，既然你選擇了出家道路，就不要搞什麼善巧方便。你要是覺得不方便，就不要出來，有誰非讓你到漢地呢？你待在最適合僧人的地方──寺院裏，穿袈裟難道會有任何不方便嗎？

　　我當時被這番話打動。然而最近我認識的一位喇嘛的遭遇，使我開始改變看法。他患了嚴重疾病，藏區醫院無法治好，不得已來北京求醫。他的兄弟也是喇嘛，來北京看護他。他們遵守戒律，穿袈裟而不穿俗家衣服。但是麻煩就此找上了

日喀則札什倫布寺的僧人。

他們。他們在醫院附近租了房子。首先是住宅區的保安看到袈裟注意上他們，雖然租房住的人很多，偏偏就找他們的麻煩，對他們態度粗暴。後來又來了數名警察，闖進他們租住的房子，像對罪犯一樣進行審問，記錄「口供」並要求他們簽字，給他們每個人拍照，複印他們的證件，把他們的手機上保存的電話號碼全部抄錄下來，並且隨意翻查他們的個人物品。在做這些事的過程中，警察沒有出示任何法律憑證，似乎只憑一身警服，就可以為所欲為。

對他們的盤問，重點在於他們來北京是否做過宗教活動，有沒有搞過傳法，是否和其他宗教人士有來往等。很明顯，警察之所以光顧，主要是因為他們的宗教身分。在其他社會，具有宗教身分首先是被當作好人，受人尊重，而在中國，具有宗教身分首先是被當作值得懷疑的對象，要受調查。這兩位喇嘛的宗教身分被注意，就是因為他們身上的袈裟。如果他們不穿袈裟，也許就不會引來這些麻煩。這使我對遭到晉美彭措法王批評的那位活佛多了一些理解。固然法王可以說，那位活佛只需待在寺院，不必來漢地。可是治病的喇嘛是因為藏地醫院沒有辦法，必須來北京。然而經受了警察的這一番驚嚇，即使喇嘛的身體能被治療得有點起色，心理上的病反倒會更加嚴重。

二〇〇五年九月（王力雄）

# 擺櫃檯的松贊林寺

　　位於中甸的松贊林寺是康區最重要的格魯派寺院之一，歷史上出過很多高僧大德。近幾年我數次去松贊林寺，每次都會看到一些變化。今年我竟然看到在大殿裏擺起了櫃檯。櫃檯上方貼著告示：「遊客朋友們，按照藏傳佛教和藏族民間習俗，到松贊林寺朝拜和覲見活佛需要敬獻哈達，表示對佛祖和活佛的敬重，護身用品及佛珠都經開光加持，請在此購所需用品，願佛祖保佑你平安幸福、札西德勒。松贊林寺」。櫃檯擺的物品從五元到八十元不等。

　　松贊林寺多年來一直有活佛給遊客摩頂的項目。每個遊客要買十元一條的哈達，因為那些哈達是反覆用的，所以等於遊客見活佛已經買了票。但活佛摩頂後遊客一般還是會給錢。活佛對遊客的態度是根據給錢多少。錢多的，活佛會回贈哈達、佛珠等，如果給的錢少，活佛的回贈往往只有一條毛線。有人嘲笑這摩頂活佛原來也是勢利眼。

这些天珠、玛瑙来自于
西藏，其历史可溯及五千年
前，西藏是中国最纯净的佛
教圣地，藏人视天珠、玛瑙
为天神的吉祥物。

这些产品经过最大的活
佛开光、加工过的，他能给
人们带来平安、吉祥，

松贊林寺大殿裏的櫃檯。

因為給遊客摩頂的活佛可以得到很多收入，並能惠及周圍的僧人甚至整個康村，因此松贊林寺內部為了爭奪那個位子引起了激烈鬥爭。我不是很清楚詳細內幕，但從中甸的藏人朋友那裏聽到了各種故事，甚至還發生了僧人群體之間的暴力衝突。

一個藏人導遊告訴我，不久前他帶外國遊客去松贊林寺，看到兩個僧人在大殿裏打架，還動了刀子，鮮血直流，把老外都看呆了，根本想不到藏傳佛教寺院還能發生這樣的事。那個藏人導遊說，他過去每次去松贊林寺都會覺得心裏舒服，但是現在整個寺院亂糟糟，如果不是工作需要，他是不會再去的。

更讓人吃驚的是，聽說中甸黑道上最厲害的團夥是松贊林寺的和尚，被稱為和尚老大，一到晚上，紛紛換便衣進城，出沒於娛樂場所。哪裏發生衝突，一個電話就能招來大批的便衣和尚助威打架。雖然松贊林寺每年都要開除幾個這類和尚，但歪風邪氣始終未能煞住。告訴我這些情況的藏人朋友說，松贊林寺已經不是宗教場所。即使是寺院負責的僧人在一起，談論的話題也幾乎都是跟錢有關，計算不同項目的收入，討論還能開發哪些財源，或是如何建設寺院的硬體等。而關於學習佛法、造福百姓的話題，卻很少能夠聽到了。

二〇〇五年十二月（王力雄）

# 與佛決裂的畫家

我遇到一個漢人畫家，他的作品中有一套名爲「垃圾場」的組畫，畫面中的垃圾場堆積著形形色色的物品，他告訴我，他差點把佛畫進了垃圾場。我感到奇怪，因爲我原來聽人說，他曾有一段時間奮力學佛，甚至就要皈依佛門之下。我問他爲什麼會有這麼大的變化，他說他當初希望皈依，是認爲佛是至善的，而他認識的活佛卻讓他徹底失望了。「活佛不就是活在世上的佛嗎？」他用漢族人的思維這樣畫等號，活佛是垃圾，佛也等於是垃圾。

讓他失望的「活佛」藏名叫夏嘎，是個白族人，跟藏傳佛教本來無緣，但是當年有一個噶瑪噶舉的活佛在夏嘎家鄉修建藏傳佛教的寺院，受到當地勢力排擠，夏嘎曾爲那活佛打抱不平。據說因爲夏嘎學過武術，有本事下掉警察的槍，從而惹了禍，不得不逃往外地。直到幾年後風頭過了，那位噶瑪噶舉的活佛勢力已經變大，知恩圖報，便給夏嘎封了個「活佛」。

待價而沽的佛像。

　　如此產生的活佛不可能懂得多少佛學。這是讓畫家首先失望之處。當初學佛有不懂的地方，畫家開始還向夏嘎請教，但很快就看出那是個什麼都不懂的活佛。但夏嘎非常能吹牛，竟敢把自己說成是夏瑪巴（藏傳佛教噶瑪噶舉教派的四大法王之一）的轉世，根據只是他的名字和夏瑪巴的名字都有一個「夏」字。

　　在日常生活中，這位夏嘎「活佛」抽煙喝酒打牌，夜夜泡酒吧，見到可意的女人，就要讓人家當他的「空行母」。畫家和夏嘎徹底鬧翻的爆發點，是他們在酒吧裏碰到了一個女孩，共同喝酒之後，女孩要畫家送她回住處，而沒有讓夏嘎送，這引起了夏嘎的嫉妒，便到畫家妻子那裏揭發畫家亂搞女人，引起畫家家庭的軒然大波。在家庭爭執中，畫家脖子上的佛珠被扯斷，從此也就佛緣了斷，再不信佛。

　　聽了他的故事，我說你為什麼要在垃圾場裏畫佛，而不是直接畫那些讓你失望的「活佛」呢？他的回答很有意思，那些「活佛」自稱是國家安全部的人，畫了他們可能會遭報復。

二○○五年十二月（王力雄）

# 眾生需要「時尚活佛」嗎？

　　近來康地有兩位年輕、俊美的活佛成了走紅內地和港臺娛樂界的明星。這是因為一個出唱片，唱流行歌，請人寫傳記，披露緋聞；一個為時尚雜誌擺Pose，做模特兒，扮演愛情電影的配角。當熱中八卦的娛樂記者們採訪一身名牌的活佛時，得到的是蠱惑人心的回答，名號為盛嘎的活佛說他的時尚是「信仰」，名號為格傑的活佛也表示要「把時尚與佛法連接，並傳達給每個時尚人」。

　　雖然這兩位把時尚和佛法掛在嘴上的活佛竭力要把信仰說成是「永恆的時尚」，但既然是時尚就不會永恆。因為時尚是一時的風尚、短暫的流行，時尚注定了它是日新月異，潮起潮落，遲早要過時。所以信仰絕不會是時尚。如果把時尚等同於對佛法的信仰，哪怕把信仰美化成永恆的時尚，那也只是給時尚披上了象徵清淨和莊嚴的袈裟，反而染污了袈裟。

　　我在我的博客上就這個話題展開了討論。短短幾天，網友

們的留言可謂言辭尖銳。下面摘錄幾段：

一位網友說：「利益眾生多渠道，就大多數人的利益而言，這種行為的後果導致揚佛還是滅佛？我看需要大智慧……最慈悲的就是不要誤導眾生。」一位網友說：「……如果佛法的精神傳遞要靠這些動作，而非清淨莊嚴的傳承戒律和實修實證的行為基礎來弘揚佛法，佛法衰亡也就不遠了……『時尚活佛』這些怪異的說辭，只有激情商業包裝味。」

一位網友說：「西藏青年人長得帥，唱得好。我們都很高興地希望他們能成為世界巨星，期待著各行各業能有出類拔萃的藏人。不過這個代價不應該是只在乎自己的成名獲利，而不顧斬斷佛法慧命、出賣自己的靈魂人格、出賣民族尊嚴、踐踏詆毀自己的文化為前提的不擇手段的短視行為。」

網友「心痛」說：「請你們不要利用你們的傳承中那些珍貴上師的名號，那是黃金一般珍貴無比的傳承中得到精心愛護和珍惜的每一環，千萬染污不得，一旦被染污，整個珍貴傳承都有毀損的危險。外敵的政治暴力沒能摧毀代代相傳的寶貴傳承，但是夾雜著商業和世俗欲望的時尚魅力卻可能摧毀代代相傳的寶貴傳承……請多少珍惜我們已經遍體鱗傷的西藏吧。」

網友達瓦說：「『末法時代，披我外衣者毀我教』。那些

所謂的仁波切如果不再披『仁波切』的外衣（法衣可能早已經脫了），其實就是『弘揚佛法』。因爲對這些特殊人物（文革以後，由於佛法衰敗而急就章產生的沒有多少佛教根柢的仁波切）而言，如果無力眞正利益眾生，只要不以『法』謀私、貪贓枉『法』，就是『對佛教的貢獻』。可是，又怎麼能奢望這種人會良心發現，而不再損害西藏民族的精神之寶呢？弘揚佛法的希望在境外！」

　　對此，有網友提出值得藏傳佛教界重視的建議：「藏傳佛教的有些制度眞的急需改變以適應當前的社會形勢，尤其是活佛的終身制。如果有些活佛不能潔身自好，應該廢除。寧爲玉碎，不爲瓦全。」

　　　　　　　　　　　　　　二〇〇七年八月（唯色）

# 「毀我教者是穿我衣服的人」

　　佛教比其他宗教對僧侶的依賴程度更高，因爲基督教、伊斯蘭教、猶太教有聖經、古蘭經那樣的最高經典，信仰者可以通過研讀經典直接面對神與教義。佛教是由眾多經典組成的教義體系，浩瀚如海，思辨玄奧，又分成眾多門派，窮盡畢生也未必能通徹全貌，普通信眾基本無法憑自己的能力掌握，只能依賴僧侶引導。因此僧侶相當於橋梁，佛法通過僧侶抵達人世，信眾通過僧侶認識佛法。佛教「三寶」——佛、法、僧缺一不可，道理就在這裏。

　　這就對佛教僧侶階層提出了非常高的要求。如果僧侶階層能夠保持純正和自律，信眾對僧侶的無條件服從就不構成問題。「如法」的僧侶保證佛法與信眾不發生脫節，也能讓佛教良好地發揮社會功能。而在這其中，起決定作用的又是僧團領袖，如活佛、堪布、主持及上師喇嘛等。因爲佛教的組織特點是各寺院獨立，由僧團領袖進行領導，因此只要僧團領袖自身如法，同時以佛教戒律對僧團嚴加管束，清理門戶，僧團的如

積極反對達賴喇嘛而獲高官厚祿的「活佛」。（網頁圖片）

法就可以得到保證。

　　不過，一旦僧團領袖墮落，問題就會比較嚴重。僧侶墮落只是個人問題，僧團領袖墮落則會使整個僧團失去管束，集體敗壞。對僧團領袖以教謀私，把信仰當作牟利工具，普通信眾很難做出判斷，佛法會因此與信眾絕緣，信眾對僧侶的虔誠也就墮落為受人要弄的愚昧。

　　佛教深知這個危險，所以把戒律和傳承視為生命線。藏傳佛教的傳承被形容為如黃金一樣純潔清淨的鏈條，不能有任何一環受到污染。一位上師給弟子的加持，等於黃金鏈上世世代代所有上師的傳承與集合，使受傳承者獲益巨大。而若上師違反戒律，他的弟子將沒有一個能得到傳承，沿襲世代的傳承到他為止，就此中斷。從社會學角度，如此嚴厲的規則用意在於嚇阻僧侶領袖的破戒和墮落。

　　目前中國當局對僧團領袖採取的政策，一是防止僧團領袖

成為民眾領袖。滿足大眾迷信層面的摩頂打卦、念經開光一類活動是自由的，但是嚴格限制僧團領袖對民眾講經傳法，指導和規範民眾行為，舉辦社區公益事業的活動。一些威望崇高的宗教領袖或高僧大德，甚至連行動自由都受限制。

二是對僧團領袖進行「逆向淘汰」。堅持宗教原則、拒絕充當工具的僧團領袖往往遭到打壓；對那些不惹麻煩、傳統地位比較高的僧團領袖，當作「統戰對象」給一定甜頭，也把大棒始終舉在他們頭頂；而對善於投機、甘當政府工具的僧團領袖，則安排官職，提供優厚資源，使其成為樣板。

三是把持對僧團領袖的選擇與任命。無論是活佛還是寺院負責人，都需當局批准。這一方面可以造成藏傳佛教界對當局的依附，一方面假以時日可逐步替換不斷去世的僧團領袖，最終使整個藏傳佛教的僧團領袖都變成當局的馴服工具。

西藏歷史上也有滅佛年代，但佛教仍然延續，是因為宗教在信徒心中，不會被外在暴力消滅。今日中國的宗教政策造成僧侶墮落，卻是最致命的。一旦僧侶不再成為信眾與佛法的橋梁，信眾與佛法就相互分離，信眾只能沉溺於遠離真理的迷信，並且失去對佛法的信心。這就是釋迦牟尼的預言──「毀我教者是穿我衣服的人」。

二〇〇七年六月（王力雄）

# 權力、金錢和宗教的「三角」

　　我曾在康區碰到過這樣的場面，一個縣的黨政官員出城三十里，在路邊搭起帳篷，歡迎一位從內地帶著漢人老闆返回的活佛。一路警車開道，車隊長達一里地。縣當局給活佛這種舊西藏迎接貴人的禮節，目的不僅僅是「統戰」。今日藏區哪個地方有知名寺院，就要把它搞成旅遊點；哪裏有地位高的活佛，就要當成招商引資的工具。因為在內地漢人老闆眼裏，藏區的縣委書記、縣長只是百無一用的芝麻官，但是對藏區活佛卻興趣濃厚，尊奉有加，因此活佛就成了有價值的資源。

　　對有些活佛來講，想獲得個人與寺院的良好發展，需要權力的庇護，因此也要討政府歡心。目前藏區這種權力、金錢和宗教之間的「三角」，使得不少活佛無心鑽研佛法和修行，既不通過講經傳法指導百姓的信仰生活，也不從事社區公益為百姓造福解難，熱中的是同有錢的港臺信徒和內地老闆交往，或是同官場的權勢者周旋。他們總是在內地都市間飛來飛去，住高級賓館，出入飯店酒吧，身邊簇擁著有錢的漢人男女。呈現

官方組織的節慶活動上，僧侶是陪襯。

當今典型的圖景——大款供養活佛，活佛保佑大款。

　　我見過要當影視編導的活佛，見過要當歌星的活佛。乘坐上百萬元汽車的活佛到處可見；在內地擁有豪宅的活佛也越來越多，有的活佛乾脆在內地做生意發財。不過更糟的是那些一心鑽營權力的活佛，一方面順著當局口徑攻擊達賴喇嘛；另一方面任意編造身世、神乎其神；針對漢族信徒的迷信心理，到處封許誰是活佛轉世，誰是空行母投胎，用以籠絡人心和交換利益，由此給一些有名有錢卻行為不端的人創造盜名欺世的可

能，敗壞宗教。

　　這類活佛最常用的理由是，宗教事業需要資金，要建寺院、塑佛像，靠藏人一元兩元錢的供養，何年何月才湊得夠，不在漢地化緣怎麼行呢？另一種說法為他們長年混跡漢地和都市辯護——弘揚佛法不能僅限藏地，也要去救渡漢人眾生，何況大隱隱於市，出家人即使身在紅塵又有何懼？對這些說法，色達五明佛學院的堪布晉美彭措痛心地批評——建廟造塔、印經放生一類事，應該是在家人所為，出家人的功德不是把心思放在那上面，而要把全部生命放在聞思修上。「大隱隱於市」首先得有一個「大」，現在的出家人有幾個能擔當起那個「大」呢？如果那些活佛僧侶不是大成就者，誰能相信他們淪落紅塵之後，可以做到不染呢？

　　　　　　　　　　　　　二○○七年六月（王力雄）

# 上帝不再寂寞？

　　到聖湖拉姆拉措的路上要翻越布丹拉山，到達山口的時候，遠遠就能看見隨風飄揚的五彩經幡。在山口給我留下最深印象的，不是登高遠望的雪山和美景，而是畫在石崖上的一個十字架，以及「神愛世人，基督永生」的字樣。基督教已經如此深入西藏腹地，登上了達賴喇嘛觀相湖附近五千零八十八米高的山口，我當時的感覺可以用震驚形容。

　　藏區過去也有基督教，但是只在邊緣，如維西、鹽井、康定等地，人數很少，基督教一直無法進入藏區腹地。我認識的一位電影製作人，甚至想拍一個名爲「上帝的寂寞」的影片來討論這個問題，結論是西藏深厚的本土文化和宗教具有抵擋基督教攻勢的能力。

　　但是現在，上帝至少在拉薩已經不那麼寂寞。不少外國人以教外語、留學、辦慈善事業等方式，對藏人進行傳教。那種傳教並不公開，而是先用潛移默化的方式，如在英語教學中包

含基督教內容，採用跟基督教有關的讀物，當引起學生的興趣後，再選擇具體對象加以發展；或是先用慈善行爲進行感化，把孤兒院、福利院等當作宣示基督教仁慈的窗口，再把被感化的人逐步引向基督教。

有些拉薩藏人抱怨洋人做好事總是帶著目的，而因爲佛教相信因果，不求回報，淡泊物質，那些重視物質利益的人，就會被從基督教那裏可以直接得到的好處所吸引。而從另一個角度，也有藏人認爲，佛教在這一點上應該向基督教學習，不要不食人間煙火，而是應該與現實生活相結合，盡可能地爲民眾謀福，在修來世的同時也注重現世。

不過，基督教在西藏腹地的活動雖然有所增加，但如果去維西茨中那種傳統的藏族基督教地區看看，當地的老人也在憂心忡忡，因爲參加基督教禮拜和宗教活動的年輕人越來越少，基督教似乎也一樣面對危機。佛教和基督教各自都會遇到問題。但是不管社會怎麼變，應該相信人們對宗教的需要都不會喪失，只是將對宗教提出更高要求，去調整自身和適應社會的變化。

二〇〇六年六月（王力雄）

# 由耶誕節看基督教在西藏

　　看上去，中國人越來越熱中於過耶誕節。商場和酒店的門前長著一棵棵張燈結綵的耶誕樹，酒吧和餐館的櫥窗上貼著紅撲撲、笑呵呵的耶誕老人頭像，走到哪裏都能聽到那首慶祝耶誕的著名樂曲，人們的手機裏塞滿了祝福耶誕的短信。誰都知道，這樣的耶誕氣氛是各個商家製造的，爲的是刺激消費。也有許許多多的年輕人在平安夜戴著小紅帽，拿著螢光棒，通宵達旦地狂歡，藉機釋放與耶誕內涵無關的激情。

　　同樣的情景也在拉薩上演。近年來，拉薩的耶誕氣氛越來越濃郁，但同樣是被商業包裝。事實上，拉薩耶誕氣氛的濃郁算得上是「援藏項目」，隨著進藏「淘金」的移民源源不絕，爲了「淘金」而使出的招數也是多樣，包括利用各種外來的、本土的節日進行商業營銷，以致使這些節日看似熱鬧，實則變味。

　　雖然大部分中國人並不信奉基督教，卻也失去對共產主

義的忠誠，普遍缺失信仰，所以在中國的城市和鄉村，有各個階層的人轉向佛教、基督教，這是很自然的精神需求。有意思的是，在有著千年佛教傳統的西藏，如今也出現了一些改變信仰的藏人，雖然極少，但確實存在。也許這個話題比較敏感，其實許多藏人在私下裏常有討論，網上也有一些局部範圍的討論。比如兩年前看見一個帖子，透露一些外國傳教士在藏人學生比較集中的大學傳教，據說有的成功者已建立藏人學生中隱蔽的基督徒組織。而「這些藏人學生基督徒，有的是爲了學習英語，有的是爲了得到經濟上的資助，有的是爲了出國，總之眞心信仰者應該在少數」。

無論信仰是否眞的轉變，作爲佛教徒的我，在此需要表態的是，宗教信仰是個人內心深處的精神經歷；對宗教信仰的不同選擇，從普世的觀點來說是個體選擇的自由，從佛教的觀點來說是因緣的不同。但多少遺憾的是，我在基督徒的網站上看到一些帖子，如「爲西藏基督教同工禱告」的帖子中說：「西藏，是黑暗勢力最強的地域之一」，在西藏傳教，「那裏絕對是屬靈征戰的地域」。又如「西藏各地基督教發展情況」的帖子中說：「長久以來，西藏一直是基督教最大的挑戰之一……『在西藏改變他們的信仰，就像鑽進獅子洞偷走母獅的幼仔一樣難。』」

基督徒素來具有傳教熱情，傳則傳矣，對方信則信矣，可

藏東德欽縣的茨中天主教堂有上百年的歷史。

若將另一種宗教視同黑暗而決意奮戰，如此強烈的類似於政治正確的「宗教正確」，令人想起歷史上西方傳教士在西藏傳教屢遭失敗的原因，當時那位曾經支持過基督教的攝政王頗羅鼐勸戒固執的傳教士，「我們尊重你們的宗教；我們也要你們尊重我們的宗教……」是的，除了相信自己的宗教，也應該對其他宗教予以尊重。我贊同一位年輕藏人對未來西藏的設想——「依然擁有自己的獨特文化、依然能夠按照自己喜歡的方式去生活」，並且還是「一個與世界接軌的西藏……一個保障個人選擇自由的多元的西藏」，人人各得其所，豈不樂哉？！

二〇〇七年十二月（唯色）

Ⅳ　西藏山河做賭場

# 從此且把他鄉當故鄉

十一月十日，統戰部副部長朱維群在中外記者會上，聲色俱屬地重申中共對達賴喇嘛絕不通融的立場，實乃老調重彈。但一堆陳腐說辭中也透露新的訊息，比如朱在說到「大藏區」範圍的人口時說：「達賴喇嘛想把居住、生活在這片土地上的數以千萬計的各族群眾趕走……」

在看央視現場直播時，聽他這麼講，我還以為事後發布正式文稿時，會改掉「數以千萬計」的說法，以為那或許只是他隨口說說，並不準確，卻會被人發現移民規模之大。然而正式文稿發布時並沒有刪去，也沒有改動，因此，這個數字顯然是官方認可的。請注意，這是中共官員首次承認在全藏地近六百萬藏人當中，已經有了「數以千萬計的各族群眾」，而在此之前，在他們公開發布的人口統計資料中，從不承認在廣大藏地有「數以千萬計的各族群眾」，總是壓低這個數字。

最近，朱維群在遊走西方各國接受媒體採訪時，再次提

拉薩街頭。

到藏區非藏人的人口數字，進一步確認爲「大約有幾千萬人」。然而，根據中國國務院人口普查辦公室所編、中國藏學出版社出版的《當代中國西藏人口》一書提供的數字，一九九〇年，所有藏族地區即西藏自治區加四省藏區，共有漢族人口一百五十二萬一千人。那麼，由此可以得出這樣的結論：在一九九〇年至二〇〇八年的十八年間，各藏區的漢族人口總數從一百五十二萬一千人，已增加到「數以千萬計」甚至「大約有幾千萬人」的規模，而朱所說的「各族群眾」，其實主要是漢族，當然都是移民。這也就是說，十八年間，移民規模增加了七倍甚至十多倍，這樣的移民速度，不能不說是非常驚人。

「數以千萬計的各族群眾」，並不都是土生土長的原住民，基本來自中國內陸，都是炎黃子孫，跋山涉水地來到廣大藏區，無論如何都要留下來給藏區人民做貢獻；而且，這貢獻大得很，大到獻了他們的青春還不夠，還要把他們的子子孫孫

獻了一代又一代，也正因為如此，才會有超出藏人能力和規模的人口大量增長。而且，在已成定制的人口計算中，包括國防軍和武警在內的軍隊是從來不計算在內的，可要知道的是，如拉薩而言，本來就是一座被軍警重重圍住的城，今年更是如此；而且，在已成定制的人口計算中，包括民工、妓女、商販在內的「包工隊」，亦從來不計算在內，而這也是一股看似流動實則滯留的移民大軍。

中國十三億人口，哪怕只有一千萬人源源不斷地來來往往，也會致使不到六百萬的本土藏人在本土變成少數民族。而移民本身的諸多背景、所攜帶的諸多基因或元素，必然會強烈地衝擊著、改變著已成少數民族的藏人的一切。表面上看，以漢人為主的外來移民，即便居住的時間再長還是流動的；但這種流動如滔滔江水，長江後浪推前浪，構成了以漢人為主的外來移民已然成為青藏高原上新的居民的事實。顯然，他們已經不是移民而是居民了。而作為安置他們的青藏高原，幾十年來不斷地被當局馴化著，為的是馴化成適合他們居住的地盤，所以今天的拉薩已經成了成都的克隆版，到處充斥著恍若中國內地居民區的住宅、花園、商店和廣場，既為的是讓正在或已經漢化的西藏人錯把故鄉當他鄉，也為的是讓越來越多的外來移民從此且把他鄉當故鄉。

二〇〇八年十二月（唯色）

# 不許藏人入內的商場

　　帕廓街上有幾家門面很大的商場，都是這幾年將一些小店小鋪合租改建的，老闆都是從內地來的漢人。與帕廓街上單家獨戶的店鋪相比，顯得鶴立雞群、財大氣粗。遠遠地，即可看見用藏、中、英三種文字書寫的店名很氣派，如「唐卡藝術村」、「藏韻藝博樓」、「西藏巔峰藝術品中心」，只是中文是主角，藏文是陪襯。藏傳佛教裏為萬千信眾所崇信的諸佛、菩薩和護法的身像，不是被鮮明地畫在了招牌上，就是被鮮明地畫在了商場的門口。這幾家商場都是樓上樓下，燈火通明；櫃檯裏擺滿了色彩繽紛的首飾和佛像，牆上掛滿了色彩繽紛的唐卡和風情繪畫，全都標價不菲，令人咋舌。

　　其中的「唐卡藝術村」是這類商場的第一家，如今每年上交稅收可達百萬，可見生意紅火的程度。至於如何經營的高招，穿著藏裝的服務小姐會用四川口音的普通話回答你，為什麼同樣的首飾在旁邊的小店只賣幾十元，但在這個商場卻售價幾百元，那是因為別人的東西都是假貨，只有這裏的才是真

帕廓街上的「唐卡藝術村」。

貨。然而我的一位畫家朋友卻發現這裏的有些油畫，竟然是先
將勾勒出來的圖示複印之後，再將顏料堆砌上去的。而且所謂
的老唐卡，無一不是把新唐卡做舊了再高價賣的。

　　不過假貨充斥帕廓市場早已不是新聞，只是這類裝潢華麗
的商場比起土里土氣的露天貨攤要價更高，宰人更狠。當然這
得歸功於眾多巧舌如簧的導遊們。據說導遊帶團隊進商場，即
使不購物，商場也得按團隊人數給導遊小費；如果購物，每件
東西得給導遊提四成，為此導遊與商場的合作可謂天衣無縫。

大昭寺的僧人說，這些導遊在寺院裏講解，特別愛講佛像身上的珠寶，緊接著就會介紹馬上要去的商場就有這樣的珠寶。

上述種種，在商業社會的今天已是司空見慣，但諸如「唐卡藝術村」這類商場還有與眾不同之處，雖然門上沒寫著「藏人不得入內」，可是有些藏人，比如穿袈裟的僧人、穿藏裝的鄉下藏人，或者看上去沒錢的藏人，都會被拒之門外，連一個在美國讀博士的臺灣女孩，因為穿著樸素，面如藏人，也同樣不准入內。我的一位朋友是從國外回來的喇嘛，有一次就被「唐卡藝術村」禁止入內，氣得他取出錢包，拿出美元，立即被滿臉堆笑地迎入商場。美元不是人人都有的，所以有許多藏人在此遭受被驅逐的侮辱。我認為這是一種赤裸裸的民族歧視，隨著唯利是圖的商業大潮猛烈地襲擊著西藏，正在改變著拉薩的面貌，傷害著西藏人的心靈。

二〇〇七年四月（唯色）

# 西藏市場誰輸贏

　　西藏的市場經濟成分在逐步增加。一些藏人朋友從中看到了令他們感到焦慮的危機——漢人正在奪走藏人的工作。這裏所說的「奪」不是以強力方式，而是以市場方式。市場是選擇效率的，因此只要進藏工作的漢人在效率上高於藏人，就將贏得市場。

　　例如：做一套藏裝，藏族裁縫要半個多月，漢族裁縫只要兩三天。蓋房子請藏族施工隊，要幹一年，還得送禮，漢族施工隊兩三個月就完成，只按市場規則。一位朋友在拉薩郊區蓋房，讓村裏幾個最窮的老鄉給他打石頭，他們邊幹活邊喝酒，喝醉了再睡一覺，弄來的石頭一砸就碎，沒法用，卻非得如數要到錢。儘管那位藏人朋友有民族意識，最後還是請了漢人施工隊——這就是市場。

　　現在拉薩修車、補鞋、施工、種菜等幾乎都由漢人做。計程車、三輪車行業也被漢人占了大部分。帕廓街賣的藏式家

拉薩街頭（佚名 攝）

具，一大半出自漢族木匠，連做卡墊、佛像、藏餐這些傳統行業，漢人也已插足。以致拉薩流行一句話：除了「多丹」（天葬師）和「古修」（喇嘛），沒有漢人不幹的活。藏人朋友擔心將來會不會所有行當都被漢人把持，藏人不但沒了工作，甚至失去房子。現在不少藏人把自己房子租給漢人，當房東拿房租，不用幹活，一時很舒服，然而學不到市場技能，也培養不出市場競爭力，是無法發展的。一旦遇到迫切需要錢的時候，就可能把房子賣給漢人。目前拉薩帕廓街的本地居民已經不多。作爲拉薩象徵之一的帕廓街，正在逐步變味。悲觀的藏人朋友甚至認爲，將來有一天，藏人在拉薩可能變成客人。

二〇〇五年八月（王力雄）

# 「吃年夜飯一小時」的告示

　　藏人抵擋不住漢人的市場攻勢，並不意味漢人比藏人強，因爲市場能力不是衡量人的價值的唯一因素，甚至不是主要因素。

　　人在生活中奉行的原則被分爲三種，一種是快樂原則，一種是利害原則，還有一種是道德原則。在我看來，藏人是按快樂原則生活的民族；漢人是按照利害原則生活的民族。二者相比，快樂原則更接近人生眞諦，因爲人生於世，歸根結蒂是爲了得到快樂和幸福。不過單純奉行快樂原則容易導致墮落，因此需要道德原則進行制約。藏民族的道德原則包含在宗教信仰中。從這個角度，宗教對藏民族的意義非同小可，失去宗教約制，可能沿著快樂的軌道陷入沉淪。

　　漢人更多地把逐利當作生存目標，勤勞、節儉、吃苦、算計，雖然歷史上也把道德放在很高位置，但是內在的利益驅動常使那種道德異化成當婊子立牌坊的表演。尤其到了社會禮崩

拉薩之夜。

樂壞之際，利害原則完全被實用主義主導，道德被拋棄，快樂
民族便更加無法與之較量。

　　兩個奉行不同生活原則的民族，卻須生活在同一個國家，
這就提出了問題：一方面，藏人作爲少數民族，無法主導國家
大局，難以阻擋自己的文化結構在主流衝擊下解體；另一方
面，作爲快樂民族，藏族又難以在工商社會中如魚得水，無法
扭轉面對市場競爭的劣勢。舉例來說，藏人開的商店每逢過年
至少停業半月以上，妻子唯色告訴我，今年除夕夜，她家周圍

的漢人商店都在營業，唯一一家關了門的漢人商店貼出這樣的
告示：「吃年夜飯一小時」。面對這樣的對手，藏人商店難以
與之競爭，紛紛關閉是毫不奇怪的。

在這種情況下，避免藏民族落入所謂「現代化挫折」，
就變得十分重要。當今世界很多民族矛盾和衝突都源自這種挫
折。解決這種問題的出路，是給藏人一個能夠自主的空間，使
藏民族能按適合自己的原則去生活，而非一定被推到市場經濟
的戰場上，和奉行利害原則的民族較量。從這個角度，西藏的
高度自治除了可以解決政治上的問題，在經濟方面也是有必要
的。

二〇〇五年八月（王力雄）

# 有無宗教的區別

藏曆四月稱爲「薩嘎達瓦」。其中四月十五日被視爲釋迦牟尼的誕辰、成道和圓寂的日子，是藏民族最重要的宗教節日。那一天，藏民族幾乎全民都要進行各種禮佛與行善活動。活動之一就是在轉經時向沿途兩旁乞討的人們發放布施。

我聽說一位在拉薩開酒吧的內地藝術家搞了個「行爲藝術」，在那一天裝成乞丐在路邊要錢，一天下來，要到的錢竟有數百元。我早知道有越來越多的漢人在每年的「薩嘎達瓦」放下原本職業，裝成乞丐去要錢。藝術家的「行爲藝術」證明了一天要的錢頂得上普通人一個月工資，難怪年輕力壯的漢人男女也要換上破舊衣服，用帽子遮面，坐在路邊伸手乞討。

進一步觀察兩個民族在「薩嘎達瓦」的行爲，其中最不同的是對待生命的態度。「薩嘎達瓦」也叫「放生節」，很多藏人在那一天把市場上出售的魚買下，放回河裏，通過挽救生命積累宗教意義上的功德。一些漢人卻是反其道行之，在「薩

「薩嘎達瓦」，藏人老婦向漢人乞丐布施。

嘎達瓦」之前盡可能囤積活魚、盡多地捕捉水裏各種生物，在「薩嘎達瓦」那天拿到市場上出售。他們吃準藏人那天貴賤都得買，所以趁機結成同盟，哄抬價格，還在秤上做手腳，以少充多，把藏人做善事的「薩嘎達瓦」當成敲藏人竹槓的機會。

還有個別漢人專門跟蹤放生的藏人，在放生地點的下游把剛得到生命自由的魚重新捕獲，再拿到市場上去賣。藏人為了躲避那種漢人，往往要開車到離拉薩很遠的地方去放生。之所以兩種行為有如此天壤之別，根源就在於藏人有宗教信仰，而那些漢人什麼都不信。

沒有信仰則沒有敬畏之心，如毛澤東所說──「真正的唯物主義者是無所畏懼的」，什麼都不信的人什麼都敢幹，唯一所求只是個人欲望的滿足。他們不相信個人的所作所為會有報應，因此在他們眼裏，放生那類行為是愚蠢的，只有吃進自己肚子裏的東西才是真實和有用的。

我不指望說服無神論者相信冥冥宇宙存在主宰，但即使是在物質的世界，報應也一樣可以存在。如果不尊重自然界的眾生，為滿足自身欲望，不惜毀滅其他一切，總有一天，大自然的報應會降臨於人。

二〇〇五年五月（王力雄）

# 沒有自治，青藏鐵路
# 就不是「幸福路」

可能沒有哪條鐵路如同青藏鐵路這樣受到持續的關注和不同的評議。中國政府於二○○六年中共建黨日正式運行火車，很明確地給青藏鐵路賦予了政治色彩。隨後，中國民眾在媒體鋪天蓋地的宣傳下，如潮水湧入西藏。據西藏自治區旅遊部門宣布，短短二十天內，約有九萬人乘坐火車進藏旅遊，不但使拉薩人滿為患，並且干擾了當地民眾的日常生活，糧食、蔬菜和肉類紛紛漲價，去寺院朝拜禮佛擁擠不堪，以致藏人們怨聲不斷。

西藏人對這條鐵路的反應是複雜的。今年一月底，我特意乘坐了從北京開往拉薩的火車。這個時間是旅遊淡季，所以在火車上看到的遊客很少，但遇到不少寒假回家的藏人學生。他們從小在中國內地上學，過去因為往返西藏的交通費用昂貴，已有多年不能回家度過藏曆新年，而低廉的火車票價可以讓思鄉之情得以紓解。青藏鐵路帶給藏人的另一個好處，是使得多衛康等藏地的信眾可以乘坐火車到各藏地乃至漢地朝佛。

青藏鐵路。

　　我在火車上遇到的列車員說青藏鐵路沒什麼經濟意義，主要在於政治意義和軍事意義。但藏人們認為本身可能沒有多少經濟意義的青藏鐵路，卻為漢地相當多的商人和打工者提供了開發西藏自然資源的機會。有官方資料表明，西藏自治區境內已發現二千五百多個礦點，這意味著，西藏自治區七十六個

縣，平均每個縣就可能會有三十多個礦點將在未來被開採。事實上，來自中國內地的「淘金者」已沿青藏鐵路雲集西藏，紛紛從事探礦、採礦及礦權交易等業務，青藏高原脆弱的生態環境遭到破壞的夢魘正在成真。

但是中國官員以及官方的御用學者對此置之不顧，反而振振有詞地說：我們希望西藏人民也有享受現代化的權利；傳統與現代化，一個都不能少。聽上去似乎很有道理，但是對於西藏最重要的並不是現代化，而是真正意義上的自治權。何況什麼才是現代化呢？西藏的現實已經證明進入西藏的現代化是一種偽現代化，說到底正是一種入侵，是那種外表裹著一層甜蜜糖衣、蒙著一層絢麗色彩的暴力行為，對於沒有自治權的西藏人來說，我們必須分辨不同種類的侵略。

其實鐵路本身不是問題。只要西藏實現了真正意義上的自治，別說一條鐵路，就是村村通鐵路，那都屬於自己的內部事務。可是沒有自治權，就只能任由別人宰制自己的命運，就只能任由別人剝奪自己的權利，以致在自己的土地上日益被邊緣化，乃至真正的受益者並非土生土長的藏人，而是那些源源不斷的「淘金者」。既然沒有自治權，青藏鐵路就不是中國官方所宣傳的「幸福路」，而是一條使西藏淪為犧牲的不歸之路。

二○○七年二月（唯色）

# 不再是吉祥八寶的拉薩

　　在許多關於拉薩這座古城的藏文記載中，總是把拉薩比喻
為天如八輻法輪、中間顯吉祥八寶、地呈八瓣蓮花的聖地。其
中的吉祥八寶，指的是環繞拉薩的群山叢中的八座山峰，每一
座山峰都有一個美妙的名字和寓意深遠的故事，比如其中最著
名的朋巴日，譯成漢文是寶瓶山，每逢藏曆新年初三和其他吉
祥日子，會有許許多多藏人登山去掛經幡。拉薩人歷來認為這
八座山峰是帶來瑞相的神山，拉薩因此而吉祥，因此而美麗。

　　可如今，吉祥八寶已經殘缺不全了。這不是誇張，從大昭
寺的二樓上看得最清楚，就在拉薩的東北邊，八座神山中的一
座像被剝掉了一層皮，露出了慘白的地貌，顯得十分醜陋。一
位喇嘛遠遠指著山上那條蜿蜒而上的盤山路，痛心地發問：像
不像一道深深的傷疤？他還說常常可以看見大卡車在那條路上
來來往往，那是運輸礦石的車，幾年來，不停地把山上的石頭
運往山下，據說那些石頭都是價值昂貴的礦石。

從大昭寺頂上看拉薩被開採的山。

　　在藏語裏，礦的發音與西藏宗教當中有著精神意義的寶藏——「伏藏」同音，礦的含義也因而被賦予了特定的文化含義，大都蘊藏在各地民眾奉為神聖的神山聖水之中，在漫長的歲月裏，在自成一體的生態系統中，受到特殊的尊崇和供奉。然而，這些神山聖水在今天已變成一個個礦點的代名詞，來自國家的、公司的、私人的各路人馬，浩浩蕩蕩地直奔而來，肆無忌憚地紛紛開採，換來的是數不完的金錢，留下的卻是瘡痍滿目的山河。有官方報導聲稱：「專家調查發現，『地下西藏』潛在價值六千多億」，而所謂的「地下西藏」，又囊括了

多少神山、多少聖水呢？不久的將來，拉薩剩下的那七座吉祥的神山，是不是也會面臨遭受創傷的厄運？

　　在瘋狂追逐利益的社會風氣影響下，西藏的神山聖水顯然有了新的吸引力，但導致的並不是代代相傳的敬畏和保護，而是爭先恐後地掠奪和破壞。其中開礦的行為不過是最為明顯的創傷，讓我們看見拉薩不再是吉祥八寶；隨之而來的還有對這些人文資源的任意編造，以訛傳訛。不久前，在一座自稱是「西藏新名片」的雅魯藏布酒店，一位穿著工布藏裝、自稱是阿壩藏族的四川女子是酒店主管，指著酒店背後掛滿經幡的朋巴日，向我們介紹說：「那是財神山」，當即被我的拉薩友人批評道：「請不要竄改我們的歷史，那不是什麼財神山，而是寶瓶山」，四川女子卻辯說：「我們酒店的宣傳畫冊上就是這麼寫的。」

二○○七年三月（唯色）

# 在西藏開礦的故事

　　有著「世界屋脊」之稱的雪域大地，雖然蘊藏著極其豐富的礦產資源，但是生態環境十分脆弱，加上本身所具有的獨特文化和所面臨的特殊現實，開採礦藏必須慎之又慎，絕不能無序開發，否則後患無窮。我在拉薩聽到不少開礦的故事，從中可以看出開發與資源、開發與生態、開發與民生之間日益顯著的矛盾和危機。

　　一位曾在墨竹工卡縣甲瑪鄉的礦區工作過的藏人告訴我，僅僅這一個鄉就有六個礦區。由於在開採過程中，有的礦區沒有處理好污水系統，有的礦區甚至根本沒有設置污水處理，導致含有化學藥物的污水橫流，使得附近幾個村莊不但人和牲畜不能飲用水，連田地裏的青稞也收成銳減，牧場上的牧草也含有毒素。

　　一位正在內地讀大學的藏人學生，去年利用暑假考察了藏北草原上的某個礦區，親眼目睹礦區周圍被挖得亂七八糟，附

拉薩墨竹工卡縣甲瑪鄉是藏王松贊干布誕生地，如今有了六個礦區。

近牧民不但要給礦區提供犛牛和馬運送物資，還讓自己的女兒跟來自內地的礦工睡覺，原因就是生活貧困，只要給錢，什麼都願意做。而鄉和村的幹部為了自己的利益，不但爭先開車運輸沙子和石頭，而且打壓反抗開礦的牧民。

另一個故事具有神祕色彩，是一位老家在阿里噶爾縣的藏人講述的。去年夏天，噶爾一帶突然出現了一種奇怪的飛蟲，狀如蝗蟲，顏色烏黑，成群結隊地飛來飛去。誰也不知道這是什麼蟲，但見黑壓壓一片，實在令人恐慌。領導們下令用農藥殺死飛蟲，於是從縣城到鄉下，到處都在噴灑農藥，但卻沒有

太大效果。在當地工作的援藏幹部做過試驗，發現一個飛蟲在第二天會神奇地繁殖五六個飛蟲。據說這一帶遍布珍稀礦藏，吸引了各路礦老闆前來開採，從此打破了當地人祖祖輩輩恪守的禁忌。許多人都認為飛蟲的出現是因為濫採濫挖的緣故，老人們和僧人們更是認為這是不祥之兆。

還有一個故事令人好氣又好笑，是說藏北羌塘的一座有名的神山被測出礦藏優質，一家有著國營背景的礦產公司企圖開採，但總是遭到當地百姓的反對和驅逐。礦老闆於是勾結當地的一位專靠辱罵尊者達賴喇嘛起家、而今已爬上相當高位、當上佛協會長的某活佛，這位顯然得了不少好處的活佛便召集百姓開會，宣布他已經專門修法，將居住在神山中的山神遷移到附近的另一座山上，因此原先的那座神山從此再也不是神山了，可以開礦。一位老人當場巧妙地反駁說：如果「朱古」（活佛）你通過修法就可以遷移山神的話，那麼就請朱古你把雪域最神聖的山——崗仁布欽的山神遷移到我們家鄉來吧，省得我們這裏的人年年都要跋山涉水地去朝拜崗仁布欽。

上述故事中，最令我反感的就是傳播佛法的活佛變成了利用宗教的掮客。雖然資源被掠奪、生態被破壞很不幸，但更不幸的是我們的文化和尊嚴也隨之而喪失。

二〇〇七年四月（唯色）

# 西藏山河做賭場

　　到西藏開礦的老闆們有一句話──「早要飯，晚騎馬」，意思是說一旦開出個好礦，立刻能日進斗金。這種發財跟當年的互聯網發財差不多，投資回報不是百分之幾十，而是百分之幾百。在西藏開礦的人都有一種賭徒心理，夢想一翻多少倍的暴發。

　　不過真暴發的人並不多。在西藏開礦很像賭博，輸的風險也很大。這是因為西藏的地質資料非常模糊，到底能不能開出品位好的礦，儲藏量有多少，開採條件如何，事先都不知道，甚至到底有沒有礦都是未知數。我聽說一個老闆在拉薩蔡公堂包了一座山，投了五百多萬，只挖出幾十噸鉛鋅礦，價值不過幾萬。如果是投資房地產，即使全砸在手裏賣不出去，至少有房子放在那，開礦失敗卻是什麼都剩不下，徹底白幹。

　　不過在西藏開礦能發財，也跟地質資料不清有關。西藏批准開礦的權力理論上屬於自治區地礦廳，但是既然不知道地下

西藏自治區昌都地區的玉龍銅礦。

到底有什麼，批准權就是空的，也無法進行有效管理和監督。
目前開礦老闆大都不通過地礦廳，直接跟各縣打交道，因為不
能確定有沒有礦，縣裏收費也不會高，這便爲得到超額利潤留
下空間。

開礦者在地質資料缺乏的情況下，自己也不勘探，因爲辦勘探手續很麻煩，同時勘探成本也很貴，探清一個礦床至少得花幾百萬。目前進藏開礦的資金多數也就是幾百萬的規模，要勘探就沒錢開礦，所以還不如直接幹。那種開礦就如所說的「瞎貓碰死耗子」，不知道山裏有沒有礦，就向山裏打洞，一般是圍繞山體同時打多個洞，每天花錢如流水。如果有一個洞能碰上礦就可以發財，而碰不上就得不停地打下去。只花幾十萬元就能碰上礦是撞了大運，沒運氣的幾百萬花光了也見不到礦，那就只好撤，錢也等於打了水漂。

　　這些開礦者把西藏的山河當成大賭場，挖得山河破碎不說，對於礦藏也會造成很大破壞，因爲如果認眞勘探，有系統和負責任地開採，能保持礦床的完整性，礦的產量和利用率可以增加很多。而賭博式的開礦，碰到礦也會只撿最好的部位開採，費勁的就丟掉，以得到最大利潤，那將造成優質礦床失去整體開採的價值。老闆們賺了錢，付出代價的是西藏。

二○○六年四月（王力雄）

# 誰來「模擬仿眞」藏人的命運？

　　藏人朋友對當前遍布康區的攔河修壩表示焦慮。所有江河幾乎都被搶占。大江大河由勢力大的集團開發，小河小水被小一些的內地老闆分贓。開發者與當地官員相互勾結，近乎瘋狂地把藏區河流據爲己有。今日康區到處在攔河、徵地和遷移。幾乎每個縣都成立了所謂的「移民辦公室」，把百姓從祖祖輩輩居住的地方趕走。每個項目都打著國家需要的旗號，好像國家需要是天經地義，而藏區需要什麼，藏人有什麼想法，無需考慮。

　　藏人朋友們最擔心南水北調工程，但我發現他們只知道從通天河、雅礱江和大渡河調水的方案，當我提到一個中國民間水利專家構想了「大西線調水工程」方案——從雅魯藏布江的朔瑪灘到天津之間開一條運河，把相當於四條黃河年流量的兩千億立方米的水從西藏引到中國西北、華北和東北——他們大吃一驚。

拉薩老城——帕廓街。

　　「大西線方案」目前正在緊鑼密鼓地推動。前不久北京
發起一個聲勢浩大的活動——要利用超級電腦和高精度地形資
料，對雅魯藏布江水能否按照大西線方案流到黃河進行「資料
類比仿真」。雖然活動尚未開始，也沒有得到結論，但是大西
線的支持者們興奮異常，似乎結果一定會證明方案可行，而只
要有了科學支持，任何反對都將不在話下，高層決策者就會拍
板決定了。

這種可能性不是沒有。科學為政治服務在中國已是常見的劇目。鼓吹者們以「大西線是本屆領導人可以為中華民族做的能載入史冊的重大項目」進行誘惑，搔到了好大喜功者的癢處。然而就算靠大量超高大壩和超長隧道的支持，雅魯藏布江水能夠流到黃河，就能排除調水產生的所有問題嗎？

　　人為活動改變了地球氣候，已經是科學家的共識。那麼作為規模最大的人為活動，調水難道不會進一步改變地球氣候嗎？大西線的鼓吹者往往以地球變暖導致水資源短缺作為理由，但是大量的水一旦改變分布，打破平衡，會不會導致地球更暖，造成更嚴重的缺水呢？這種後果遠遠不是所謂的「資料類比」能仿真得出來的。

　　一位長江源地區的藏族環境保護者說得很沉痛：對於藏人，氣候變化原來只是個遙遠話題，現在則變成了能否生存下去的眼前現實。藏人承擔了人類活動導致氣候變化的直接後果。正在融化的南極北極畢竟無人居住，而生態脆弱的青藏高原，卻是藏人唯一的家園。

二〇〇七年七月（王力雄）

# 文化帝國主義的廣場

今天的帝國主義主要已經不是表現在領土擴張和財富掠奪，而是更多地體現在文化方面，因此被巴勒斯坦裔的學者薩依德稱爲「文化帝國主義」。文化帝國主義表現在很多方面，但首先是一種唯我獨尊的傲慢，處處以文明上的優越姿態和物質上的恩賜者自居。

從貢嘎機場去拉薩所經過的曲水縣城，有一個具有典型文化帝國主義特色的 「泰州廣場」。泰州是中共現任總書記胡錦濤的家鄉，泰州政府耗費巨額資金到西藏修建一座廣場，並且以「泰州」命名，名義上是對西藏的「援助」，然而那廣場對西藏起不到任何援助的意義。

廣場占地極其巨大，完全是漢地風格。廣場上修造了中國式的亭閣、小橋，與周圍環境極不協調。廣場中央矗立著一組高大的金屬構架，上面頂著一個碩大的不鏽鋼球，用以體現主流意識形態的科學與進步；一組環繞的牌廊則噴塗著中共領袖

拉薩曲水縣的「泰州廣場」。

的畫像和中共的標語口號，完全是意識形態宣傳。

　　在那座廣場的設計思路中，當地民族和文化完全不被放在眼中，既不發生聯繫，也不值得考慮和顧忌。除了侵占了大量良田，跟當地人沒有其他關係。甚至可以說，那廣場根本不是為人所建。我曾經在廣場上走了一遭。大部分地面鋪的是水泥磚，強烈地反射陽光，刺得人眼睛痛，人好像走在大烤鍋上。

雖然也有幾塊草坪，但是都被鐵欄圍住，豎著禁止入內的警告牌。廣場中間開了一條人工河，夾在立陡深陷的水泥槽中，沒人能夠和水接近。整個廣場上一共只有兩條石凳，遙遙對稱，無遮無攔地暴露在太陽下，只是爲了一種形式，而不是爲了供人休息。我去的那天是星期天，照理休閒的人應該是最多的，但是整座廣場上完全不見人的蹤影，周邊寬闊的大街也如鬼街一樣空空蕩蕩。

「泰州廣場」的修建只起到一個作用，就是體現帝國的居高臨下、文化傲慢和財富炫耀，也許設計者希望以此引起當地民族的仰慕和自慚形穢，從而懾服於帝國財大氣粗的文化暴力與占領，但是當地人用不屑一顧作爲回答，它也就只能淪爲一座昂貴的廢墟。

二〇〇五年九月（王力雄）

# 誰把編織「松阿」的資格轉讓了？

藏人都知道「松阿」是什麼。按照西藏的傳統習俗，由寺院的僧人或民間的修行者，將彩色線繩或五彩哈達編織成複雜的、固定的花樣，再由高僧、朱古專門誦經修法、開光加持，贈送給各方信徒。這就是「松阿」，被認為是一種可以給個人和家庭帶來吉祥、平安和好運的神聖之物。通常來說，小的繫在人的脖子上，大的掛在家裏或寺院的門柱上，而在如今這個現代社會，也掛在汽車裏或辦公室、酒吧、商場等場合。

無論掛在哪裏，編織「松阿」的人歷來都是僧人和修行者。可是如今在拉薩的大昭寺廣場上，大大小小、五顏六色的「松阿」掛滿了專銷哈達的貨攤，那些攤主都是從內地來的漢人，所銷售的「松阿」都是他們親手編織的。我親眼看見有個四川男人嘴裏叼著香煙，雙手編著「松阿」；還有一個四川男人一邊摳著腳丫，一邊編著「松阿」；幾個四川女人倒是雙手不停，編得飛快。他們編的「松阿」小的五元一根，大的十元、二十元、五十元不等，最大的如棒槌，百元不講價。我問

大昭寺廣場編織「松阿」的四川小販。

顧客是誰，他們說除了遊客就是寺院，而且最大的買主就是寺院，比如拉薩城裏香火很旺的札基寺，就從他們這裏成批購買「松阿」，然後再提價賣給朝拜者和遊客。

對此我很驚訝，也特意諮詢了幾位喇嘛和長者，都認為這是很不好的風氣。編織「松阿」其實是一種宗教儀軌，其中大有講究，既不是俗人的事務，也不能拿來賺錢，可如今僧人

不做俗人做，而且，用一位老先生的話來說，「連古修啦也用『松阿』做生意，眞是到了非常壞的時代」。難道是我們的僧人們事務繁忙，忙得連編織「松阿」的時間也沒有嗎？以至於自動放棄編織「松阿」的資格，拱手相讓給既無宗教信仰也不遵守箇中禁忌的俗人。照此下去，有一天會不會把製作佛事供品「多瑪」的資格也轉讓出去，使得商店或貨攤上擺滿了外人製作的「多瑪」呢？

　　看上去，由誰編織、銷售「松阿」似乎是件小事，屬於細節上的問題，不必就此大作文章。可是，恰恰是由諸如此類的無數個細節，構成了具有獨特的、豐富的精神含義的文化。如果每個藏人除了在口頭上表達對宏大概念的堅持（如強調「多衛康」的統一和自治）外，與此同時，還在行動上落實對傳統習俗中每一個細節的堅持，而不是出於懶惰、輕慢等惡習，自動放棄原本屬於自己的事務，那麼我們源遠流長的文化是不可能輕易就消失的。但是，如果連編織「松阿」這麼容易堅持的細節都輕易地自動放棄，那麼導致自身文化淪喪的諸多原因，也有你我一份。

二○○七年四月（唯色）

# 黑心商人是如何打西藏牌的？

那些在帕廓街上開店的黑心商人所使用的騙術顯然非常高明，西藏這張牌被他們玩得滴水不漏，不知矇騙了多少對西藏文化有興趣的人，因而也不知給西藏帶來了多少壞名聲，實在是可惡之至。

名為「西藏巔峰藝術品中心」的商場，據說是四川兄弟倆與一個北方人合夥開的，後來北方人被四川兄弟倆詐騙只好退出。該商場經營伎倆很多，招招陰損。比如說，他們會購買兩批同樣的佛像，將一批擺在商場裏，另一批放在商場的地窖裏。當旅遊者被導遊領進商場，他們會主動向旅遊者介紹那些佛像，並且說明是贋品，被勾起好奇心的旅遊者便會打聽真品的下落，而他們會煞有介事地說「真品」就在他們手中，是西藏的寺院為維修寺院募集資金，不得不委託他們來出售。然後他們會帶旅遊者去地窖看「真品」，還故弄玄虛地提出一個條件：如果要買「真品」，必須登記姓名、佳址等資料，聲稱這是要給寺院一個交代，讓寺院放心，知道買主是好人。許多旅

帕廓街上的「西藏巔峰藝術品中心」。

遊者就這麼信以爲眞，付出高額的價錢買下所謂的「眞品」。
價格一般會在這些商品的進價後面再加兩個或三個零，有一
次，該商場將一個八元的東西賣了二萬元。還有一個伎倆是招
幾名藏人在商場裏織藏毯，藏人每月掙幾百塊錢，半個月織一
張毯，而織毯不是爲了賣，是爲了給從漢地進口的機織地毯做
廣告，佯稱是藏人手工編織的，價格翻出好多倍。前不久我去
過這個商場，只見門口掛著一塊牌子，用藏中英三種文字寫著
「中國拉薩SOS兒童村募捐點」，我不相信這會是眞的善舉，
可如果把西藏的孤兒也當作搖錢樹，那簡直是十惡不赦了。

其實，擅長使用這些伎倆的絕不僅僅只是這一個商場。在我的博客上，一位居住在西方的藏人網友留言說：「每次和外國朋友聊天，他們都會很失望地描述自己是怎麼被『西藏人』欺騙的。他們沒到西藏前，對他們來說西藏是神聖的，是人間的天堂，結果一到西藏，尤其是拉薩，他們似乎到了一個欺詐場。」這位藏人網友說：「面對那一雙雙失望的眼睛，真如萬箭穿心！也因此我從來不建議其他嚮往西藏的人到拉薩或其他藏地旅遊，我害怕他們也同樣被欺詐，我害怕他們也同樣認定西藏是一個『欺詐場』」。

可是靠西藏吃飯的人實在太多。前不久，我在轉帕廓時，很偶然地與一個多年前認識的成都人相遇。他過去是一個專門販賣西藏藝術品的商人，當我問他如今在做什麼，他居然大言不慚地說：「老本行，還在宣傳西藏文化」！

二○○七年五月（唯色）

# 釋迦牟尼法像成了洗腳的廣告

　　在全世界佛教徒的心中，佛祖釋迦牟尼有著至高無上的地位。供奉在拉薩大昭寺的釋迦牟尼十二歲等身法像，承蒙佛祖在世時親自開光加持，乃是多衛康全體藏人的精神支柱。不計其數的藏地百姓磕著長頭翻越千山萬水，為的是在這尊佛像跟前訴說虔誠的信奉之心。

　　因此，作為一個佛教徒，我能夠體會這位住在拉薩魯固一帶的藏人，當他在洗浴場所的垃圾箱裏，看見印有這尊釋迦牟尼法像的包裝盒時，所受到的震撼和打擊。我讀了他給大昭寺所有僧人寫的一封信，其中傷心地寫道：

　　大昭寺十二歲釋迦牟尼等身佛像是我等廣大信眾祈願所在並認同為佛陀真身法像，無法估量其價值和尊貴的地位……但據我發現，目前在漢語稱之為「桑拿」的場所中，用於洗腳的一種藥物包裝盒上竟然印上了佛陀聖像……而且他們在用完後，甚至隨意將包裝盒扔在了垃圾箱裏。為此，我本著控制不

有釋迦牟尼法像的產品。

良後果起見，特向你們彙報此事，希望寺院管理人員及眾僧本
著消除社會影響起見，徹底解決此事，萬望萬望！

　　我也看到了他隨信附上的包裝盒。在產品名為「藏紅源藏
王浴足套裝」的盒子上，正面果然印著大昭寺所供奉的、萬千
信眾所尊崇的釋迦牟尼法像，背面是「朗居旺丹」的圖案和產
品介紹，而生產商和生產地都在成都。從網上還查到一個什麼
藏紅源浴文化的公司，有跟這浴足套裝完全一樣的「藏王桑拿
套裝」，還有「印度佛爺浴足套裝」，該老闆宣稱要「以畢生
精力去弘揚藏地文化，去打造百年藏紅源……」

看來這洗腳的東西已經在拉薩很普及。因為這位拉薩市民的信中說：「此事已在眾多信眾中引起了很大的異議和反感，有些人說這是對藏傳佛教的褻瀆，有些人則認為這是歧視。總之，此事已引起了很大的不良後果。甚至有些人懷疑這是大昭寺與商人合作的產物。」就此我向大昭寺的僧人詢問過，其實大昭寺毫不知情，所以僧人們既生氣又無奈。

信仰本應是值得尊重的。然而西藏文化中被廣大信徒無比珍視的事物，卻屢屢遭到肆無忌憚的損毀。或許有人會說，不止是西藏文化有此厄運，這是全球化的潮流下許多文化的厄運。固然如此，但事實上，西藏的厄運並不是從市場化之後才開始的。作為生活在一個家鄉日益淪陷的藏人，我要歷數這數十年來的創傷，比如釋迦牟尼十二歲等身佛像，在政治運動頻繁的文革時代受到凌辱，而在如今唯利是圖的商業社會也不被尊重，與西藏人心中同樣神聖的布達拉宮以及更多的神聖事物，變成了那些爭搶著狂打西藏招牌的各色人等的賣點。為了換取各種利益，西藏人的信仰是可以被扔進垃圾箱的，而西藏人空有滿腹憤慨又能奈他幾何？

二〇〇七年五月（唯色）

# 愛喝甜茶的拉薩人要小心

拉薩人愛喝甜茶到了癡迷的地步。拉薩的大街小巷有多少甜茶館，數也數不清。那些有名氣的甜茶館，像「載追」、「革命」、「港瓊」、「魯倉」，每天雲集的不知有多少老中青藏人。寺院附近也有甜茶館，三月以前擠滿了朝佛的香客和僧人，而且每個甜茶館裏都有乞丐伸手要錢。

甜茶的價格，過去一杯兩毛錢，現在一杯五毛錢，裝甜茶的玻璃杯似乎在縮小，但價格卻在漲。喝甜茶的人太多了，服務員一杯杯地給玻璃杯倒甜茶已經忙不過來了，所以現在盛行的是用暖水瓶裝甜茶。大大小小的暖水瓶，一磅三磅到八磅，其中三磅甜茶，價格也從三元錢漲到七元錢了。

自己家做甜茶，稍微講究的話，是在熬煮的紅茶裏加上鮮牛奶，最好是本地農村的奶牛擠的鮮牛奶。一般都加的是從超市買的牛奶，什麼伊利、蒙牛，每箱價格都會比內地多幾塊，那個特侖蘇，在拉薩比在北京貴五、六元錢，竟然理所當然。

拉薩有名的「載追」甜茶館。

也有加奶粉的，是從超市買的奶粉。經濟條件差的，都是去沖賽康小商品批發市場買奶粉。

而所有的甜茶館，都可能是從沖賽康小商品批發市場買的奶粉。那種奶粉都是在電視和報紙上看不到廣告的奶粉，廠家一般都在陝西或甘肅，價格便宜。我去「載追」喝甜茶，參觀過那巨大的、熱氣騰騰的廚房，看到裝奶粉的包裝袋堆得像小山，而這只是大半天用過的奶粉袋，很難想像每天要用多少奶粉來做甜茶。

最近，中國各地都在爲三鹿奶粉讓成千上萬的嬰幼兒患病而震動，緊接著又接連發現多達二十多種的奶粉是「問題奶粉」，甚至連伊利、蒙牛等著名品牌的乳製品也有問題，想到拉薩甜茶館裏每天大量使用的那些不知名的小廠甚至作坊生產的廉價奶粉，那些奶粉應該也是「問題奶粉」，那些奶粉應該比三鹿奶粉更可怕，那些奶粉在北京看不到、在成都看不到，

但在拉薩卻到處都有，且被許許多多嗜茶如命的拉薩人喝下去了，這會有什麼樣的結果呢？我與拉薩的朋友討論這件事。我問：「不知道拉薩有多少人患有腎病。」朋友說：「非常多，我弟弟今年就得了。」我問：「他去甜茶館嗎？」朋友說：「天天去呢。」我說：「真應該調查一下，拉薩有多少腎病病人？」朋友說：「誰敢呢！這個真相也許很恐怖。」

西藏的農牧區不太可能有「問題奶粉」，因為農牧民自己家養的有奶牛，也不喝甜茶，因「問題奶粉」而使孩子患病或許不大可能。但是，在廣大農牧區，同樣充斥著其他假冒偽劣商品，如飲料、餅乾、速食麵、糖果等等。每次遇上大型節日，如賽馬會，會吸引無數小商販攜帶假冒偽劣商品趕來銷售。我多次見過，那些商品不但從來沒聽說過，而且往往已經過期，廣大藏地就這麼成了假冒偽劣商品的傾銷地。

希望藏區各地政府的質檢部門真正負起責任來，對市場上的假冒偽劣商品見一個收拾一個。也希望藏地的青年人做這樣的事：收集市場上危害健康的假冒偽劣商品，調查因假冒偽劣商品而致人患病的事實，到藏人聚居地以及農牧區宣傳假冒偽劣商品的危害，讓廣大的藏人知道，實際上，那些花花綠綠的新東西，很有可能是致人死命的毒品。

二〇〇八年九月（唯色）

# 拉薩的那些假冒偽劣商品集散地

　　沖賽康小商品批發市場是拉薩最大的小商品批發市場，在這裏的經營者主要是來自湖北、陝西的漢族商販，以及來自甘肅、青海的回族商販。剛才在百度上搜索「沖賽康批發市場」，看到兩個報導，一個報導是《湖北人在拉薩「克隆」漢正街》，漢正街在湖北省武漢市，是中國有名的小商品市場，報導介紹說：「位於拉薩北京東路的沖賽康小商品批發市場被稱為拉薩的『漢正街』，因為裏面八〇％的生意人都是湖北人……衣服、玩具、布料、床品、針線、鞋帽……漢正街有的，這裏幾乎都有。」還有一個報導是《湟中人在西藏》，湟中人指的是青海省湟中縣的回族，報導介紹說：「北京東路是拉薩市的小商品區，共有五十多家小商品店，而其中有二十五家是湟中人開的，主要經營果凍、餅乾、奶粉、速食麵、糖果等小食品，店主有大才、上新莊、共和等地的農民，也有下崗職工，湟中『藏客』們用自己的勤勞和精明占領了拉薩市小食品銷售的大市場。」

沖賽康小商品批發市場所銷售的成千上萬種小商品，因其價廉，顧客主要是藏人。當然是藏人中的低收入者、城市貧民以及農牧民等，所以在這裏做生意的外族人幾乎都會幾句藏語，有的因為年頭長，還說得挺溜。也有許多從外地來的打工者來這裏買東西。而沖賽康小商品批發市場，拉薩人其實都知道，是假冒偽劣商品在西藏最主要的集散地。拉薩流傳一個笑話，說有次拉薩來了國家質檢部門的工作組，在對拉薩市場尤其是對沖賽康批發市場進行檢查之後，沒有採取任何措施就回去了。難道是在拉薩查不出一件假冒偽劣商品嗎？不，不是。原來工作組檢查的結果是，幾乎所有商品都是假冒偽劣，所以工作組只好甘休，因為如果要處理的話，拉薩的市場就會垮掉。

　　其實這不是笑話而是真相。沖賽康小商品批發市場充斥著各種假名牌和過期商品，反正不認識漢字的藏人多的是，而且便宜啊，你只有幾個錢，不買假冒偽劣還能買到什麼？但可怕的是，拉薩那些雨後春筍般的頗有氣派的超市，也從沖賽康小商品批發市場進貨。去年八月，我去西郊最大的百盛超市做過一次採訪，其經理指著琳琅滿目的商品承認，有些商品確實是從那裏進的，但他辯解說：現在的沖賽康批發市場今非昔比了，都是正宗的，質檢部門也經常來檢查；而且我們從那進貨也方便，不然西藏離內地太遠了，東西運進來不容易。這個採訪，我當時拍下來了，可以作證。

所以我今年八月回拉薩時，大家都在說，三‧一四那天一些藏人火燒沖賽康批發市場是有原因的，藏人吃夠了假冒偽劣商品的苦頭。可是，在拉薩的小商品批發市場絕不止沖賽康一家，近年來又有一個類似的大型批發市場誕生，就在亂七八糟的什麼太陽島上，正式的名稱是中和國際城小商品批發市場，其假冒偽劣的程度有過之而無不及。我妹妹曾在這裏給女兒買過兩三個芭比娃娃，全是冒牌貨。這裏還賣藏藥，是專門針對遊客賣的高價藏藥，旅行社與商店有交易，導遊把遊客帶到這裏天花亂墜地推薦，遊客還以為買到的是真品。同樣，假冒偽劣商品的集散地也不止在拉薩，藏地城鄉到處都有，害苦了許多純樸的農牧民。這是一個非常嚴峻的社會問題，只能等待當局加以切實解決，或者讓民眾瞭解真相。

二〇〇八年九月（唯色）

拉薩沖賽康小商品批發市場。

# 拉薩也有「結石寶寶」

　　北京的超市裏，乳製品區空空蕩蕩。三鹿系列已絕跡，蒙牛、伊利、光明等也一概下架。基本上只剩下三元和特侖蘇了。三元是北京自己的品牌，雖然一遍遍承諾無毒，北京人還是報以懷疑，說「我更得睜大眼睛，得防著三元變成三鹿」。但中國的許多地方，還在賣著北京已經下架的乳製品，而且買一送一，像是白白讓消費者撿個大便宜。河北和陝西的官員在電視上大口喝奶，甘肅和山東的政府發文命令當地人民買奶，據說這些奶全都是「放心奶」，喝了沒問題。

　　而我們的拉薩呢？從「毒奶粉」曝光那天起，直到今天，市場上消失的只有三鹿嬰幼兒奶粉，其他乳製品，不管名牌雜牌，照賣不誤。據瞭解，藏地所有地方全這樣。難道「毒奶」、「毒奶粉」不會殃及拉薩以及各藏地嗎？難道全藏地的人們無須擔憂自己的孩子變成「結石寶寶」，甚至自己也長結石嗎？都說西藏是最後一塊淨土，藍天白雲，牛羊成群，連我也以為只有城裏藏人才買內地運來的各種乳製品，多數藏人喝

的還是青草餵養的奶牛擠出來的生態奶，可是拉薩市人民醫院的醫生親口對自由亞洲藏語節目承認，從九月十八日至二十二日，約有一千多個孩子來做檢查，有十三個病重的「結石寶寶」住院治療，還有數十個病情較輕的「結石寶寶」回家治療，大都是藏人的孩子，而這還是一家醫院的檢查結果。

無論如何，遠在天邊的藏地再也不是可以自保的淨土了。二〇〇三年，當可怕的SARS在全中國蔓延成災，藏地一例也沒有，藏人們慶幸之餘，還慈悲爲懷地給內地寄去藏香藏藥，說是有防治SARS的神奇功效。然而這些年，內地流行什麼病，藏地就傳染什麼病，如像禽流感、手口足病等等，如今連「結石寶寶」也落在藏家，這說明了什麼呢？顯然，在中國全球化、藏地中國化的今日，其中如青藏鐵路的通車，更加速了名義上的現代化而實質上的殖民化。在市場經濟的驅動下，假冒僞劣商品包括各種有毒食品源源不斷地湧來，曾經有過好運氣的藏地，再也不會有免於SARS那樣的免疫力了，甚而至於，如果SARS捲土重來，藏地同樣自身難保。覆巢之下，豈有完卵？僅僅五年，藏地與中國更加難解難分，藏地百姓與中國百姓幾乎命運與共，尤其體現在福未至、禍頻仍這方面。

這是一個必須重視的問題。當屬於藏地的一個個天然屏障喪失殆盡之時，藏人們唯有建立新的屏障才可能得以存在。而這新的屏障，應該著重於人文和權利；人文取自於藏民族悠久

拉薩小餐館。

的文化傳統，權利則與每一個個體生命的尊嚴相關。我們有的是雖然創傷累累仍然富有價值的人文，但我們缺乏的是自覺意識，以致個人權利每每受損，卻根本不知如何問責。與許多懂得如何維護自身公民權益的中國人相比，我們需要迎頭趕上，需要據理力爭，需要執著到底。舉例來說，憑什麼拉薩的超市和批發商店裏，還在銷售北京已經下架的乳製品？這既與政府相關部門有關，竟然如此無視公民的生命安全；也與我們每個人自身有關，如果沒有起碼的維權意識和應變能力，在一個權力者為所欲為的極權體制下，當未來出現更多的險惡，我們只有瑟縮在無力自救的惶恐下，自食其果。

二〇〇八年十月（唯色）

# V 藏人為何捨命逃印度

# 全球最年幼的政治犯還是藏人

　　十一年前，一個年僅六歲的西藏孩子神祕地失蹤了，從此他被稱爲「全球最年幼的政治犯」，受到世界的關注。

　　他就是按照藏傳佛教的傳統和儀軌，由尊者達賴喇嘛認證的十一世班禪喇嘛根敦‧確吉尼瑪。一九九五年五月十七日，在尊者達賴喇嘛宣布他爲十世班禪喇嘛的轉世靈童之後的第三天，這個出生於藏北羌塘草原的兒童被中國政府從家中帶走，被永久監禁在無人知道的地方。十一年來，國際社會的許多組織，如聯合國人權委員會、聯合國兒童權利委員會等，多次向中國政府要求釋放或探視根敦‧確吉尼瑪，都被綁架他的中國政府以各種藉口拒絕。十一年來，流亡海外的年輕藏人和許多國家的年輕人，舉著根敦‧確吉尼瑪僅十一張公之於世的照片，要求中國政府還他自由，然而已經十七歲的十一世班禪喇嘛，至今還沒有回到他的主寺——札什倫布，至今還不能與親人團聚。

只有一個變化，那就是被監禁十一年的十一世班禪喇嘛，如今已不再是「全球最年幼的政治犯」了。具有諷刺意味的是，獲得這個可怕稱號的，竟然又是西藏人。二〇〇六年九月三十日，中國邊防武警在西藏與尼泊爾交界的囊帕拉山口開槍，冷血地殺死了兩個年輕的藏人，又將僥倖躲過槍擊卻未能逃掉的倖存者抓走。經國際聲援西藏學生組織在成功逃脫的倖存者當中所做的調查，可能有多達三十人在這個事件中失蹤，其中已經知道姓名和年齡的藏人當中，竟有十多個未成年人被武警拘捕，最小的才七歲。在此，將這些未成年人的名單轉載如下：

* Tenwang（丹旺），七歲
* Lhakpa Tsering（拉巴次仁），八歲
* Dhondup Lhamo（頓珠拉姆），九歲
* Dechen Dolma（德慶卓瑪），十歲
* Wangchen（旺清），十一歲
* Tsedon（次珍），十二歲
* Sonam Wangdue（索朗旺堆），十二歲
* Ming Shomo（米英索姆），十三歲
* Lodoe Nyima（洛珠尼瑪），十五歲
* Jamyang Tsetan（嘉央次旦），十六歲
* Karma Tsetan（噶瑪次仁），十六歲
* Lodoe Namkha（洛珠朗卡），十六歲

　　至今，這些年幼的孩子是在監獄中繼續被關押，還是被

中國武警將逃亡藏人抓到登山大本營。（Pavle Kozjek攝）

一無所有地趕到街頭變成了流浪兒和乞丐，還是由父母交付贖
金之後領回家中？無人知道。有評論對此同情地說，事隔十一
年，全世界最年幼的政治犯仍然是西藏人。也有評論諷刺道，
這表明西藏再度蟬聯全球最年幼政治犯的世界紀錄。那麼，總
是向世界宣稱人權狀況不但良好而且比世界各國都要好的中國
政府，又如何向世界解釋連六七歲的西藏兒童都要被關進監獄
的事實呢？

二〇〇六年十二月（唯色）

# 一個牧民對國家政權的「顛覆」

　　三個月前，在四川省甘孜藏族自治州理塘縣官方主辦的「賽馬節」慶典上，五十三歲的牧民榮傑阿札突然走上主席臺，大聲表白：「如果我們不能讓尊者達賴喇嘛返回西藏，我們不會有宗教自由和快樂。」他還呼籲釋放尊者達賴喇嘛認證的第十一世班禪喇嘛和當地被關押的活佛丹增德勒，要求藏人停止就草場水源蟲草等糾紛引發的內鬥，批評在當地「愛國愛教」運動中昧良心的藏人。當然，他被立即逮捕。

　　中國當局對此顯然極為惱怒。雖然榮傑阿札在這一公開場合的行為，只不過是幾分鐘的言論表達，乃是一種平和的話語方式，他還是被指控「涉嫌煽動顛覆國家政權」。這一事件甚至被中共中央政法委員會定位為特大政治事件。如果幾分鐘的公開講話就有可能顛覆國家政權，就是特大政治事件，這個國家政權未免也太脆弱了。

　　三個月來，榮傑阿札的家鄉理塘以及整個甘孜州陷入「紅

色恐怖」當中。大批武裝警察從外地進駐，甚至動用武器，造成流血衝突。各鄉村牧場受到嚴密監控，要求民眾開會洗腦、批判和揭發。凡是敢於表達不滿的人一概逮捕，目前得知至少有十名理塘藏人遭此厄運，都是普普通通的牧民、僧侶和學校老師。

上週一，四川省甘孜州中級人民法院將五項罪名壓在榮傑阿札的頭上，包括他曾兩次見到尊者達賴喇嘛、當地藏人要求當局釋放他的聲援行為，以及他的親屬向外界披露這起事件所造成的反響等等。對於藏人來說，這五項罪名的每一項都足以被打入不見天日的牢獄，因為每一項都被認為與「政治」有關。而因所謂「政治問題」入獄的藏人，無論從數量還是從涉

理塘牧民榮傑阿札。（德吉提供）

及面來說，在西藏的歷史上，從來沒有像這半個世紀這麼衆多，這麼廣泛，這麼無休無止；被判刑的藏人填滿了全藏各地不斷興建的牢房。

外界也許會驚訝這些罪名的荒謬。如果見尊者達賴喇嘛是一種罪行，那麼，是不是全世界所有見過尊者達賴喇嘛的人都涉嫌顛覆中國政權呢？當然，這個專制權力的霸道還不至於擴張到如此地步，唯有境內的六百萬藏人享有這一特殊待遇，因此，即便中國憲法規定言論自由、宗教信仰自由，但榮傑阿札因言獲罪的事件再一次證明了藏人的眞實命運。

事實上，一直以來，中國當局並不是不知道廣大藏地的民心所向，卻竭力掩蓋眞相，在對外營造藏地盛世景象的同時，更是對外否認藏人對尊者達賴喇嘛的信仰。爲了維繫這一彌天大謊，不但要讓各級官員表態，還要讓它口口聲聲爲之服務的人民群衆表態。然而，榮傑阿札這個最普通、最平凡的人民群衆卻站了出來，他那鏗鏘有力的康地口音從慶典上的麥克風傳出，震破了官員們的耳膜，擊碎了壓迫者的謊言。至於被激怒的當局所做出的強硬反應，表面上看似有效，但絕不會長久，湧動的暗流總有一天會衝破阻礙自由的堤防。

二〇〇七年十一月（唯色）

# 穿，還是不穿？這成了一個問題

　　中共當局對尊者達賴喇嘛的斤斤計較，充分證明了毛澤東的一段著名語錄：「凡是敵人反對的，我們就要擁護；凡是敵人擁護的，我們就要反對。」在北京中央民族大學，一位官員直言不諱地說：不穿鑲飾珍稀動物皮毛的服裝，任何人這麼說都沒錯，我們都贊成；但是達賴這麼說就不行！

　　所以去年元月尊者達賴喇嘛呼籲藏人放棄穿豹皮虎衣的惡劣風氣，境內的多衛康藏地掀起了焚燒皮毛的行動，令當局大為光火，將藏地民眾的自發行為看成是離心離德，不但強行制止焚燒，而且強令重新穿著，如電視晚會的節目主持人必須穿豹皮虎衣，一些藏人官員也有意在公開場合如此穿著，以示在政治上與黨保持一致。

　　於是穿還是不穿豹皮虎衣，竟變成了一個政治問題，這恐怕是令當今世人匪夷所思的一個可笑話題。數月前，獲悉將在七月舉辦「青滇川藏毗鄰地區文化藝術節」（俗稱「康巴藝

藏地民間活動上的藏人都已經不再穿豹皮虎衣了。

術節」）的青海省玉樹州，專門開會通知，要求參加活動的藏
人穿著豹皮虎衣，爲此我這次在安多和康旅行，很留意所經藏
地的普通藏人的態度。途經熱貢時，聽說今年又有民衆自發焚
燒皮毛。在果洛瑪沁的市場上，銷售當地特色首飾的婦女告訴
我，她去年也焚燒了自家的皮毛，而且從此再也不會穿；據說
果洛官方也要求藏人在不久舉行的「賽馬會」上穿豹皮虎衣，
若不穿將罰以重款，但有藏人發誓即使「割頭也不穿」。

　　有意思的是在進入玉樹州路過歇武鎮時，被遠遠傳來的歌

聲和路邊的帳篷群所吸引，走過去邊打聽邊觀看，原來是當地百姓為了迎接歇武寺的活佛回鄉，特意奉獻傳統的民間歌舞。而那些載歌載舞的藏人們和圍觀的藏人們，所穿的服裝沒有一件是豹皮虎衣，曾經鑲飾了珍稀動物皮毛的藏裝上，如今鑲飾的全是色彩絢麗的錦緞，看上去非常美麗大方卻不奢華誇張。我隨意詢問身邊藏人何以不穿豹皮虎衣，藏人坦然地說，尊者達賴喇嘛已經說了不穿，我們怎麼還會穿嘛？！

那麼，在即將由官方舉辦的「青滇川藏毗鄰地區文化藝術節」上，又會是怎樣的一番景象呢？玉樹州的朋友說，要求穿豹皮虎衣的文件雖然沒有親眼見到，但確實得知有相關規定。朋友又說，「其實當地官員可以說百分之百私下裏都贊成不穿，可是上面有政策，他們也沒辦法。」

想不到在大講特講「和諧社會」的今天，穿什麼樣的衣服竟不是自己能夠做主的。那些已經有了另一層含義的豹皮虎衣，對於藏人來說，是穿？還是不穿？或者怎麼個穿法？就讓我們拭目以待吧。但即使是穿了，也不能說明什麼。真正的民心已經在民間表露無遺。

二〇〇七年七月（唯色）

# 「康巴藝術節」上刺眼的豹皮虎衣

　　七月二十五日這天，玉樹州府所在的結古鎮不但交通堵塞，連打通手機也很不容易。在舉行「康巴藝術節」開幕式的草原上，無數帳篷簇擁的中心會場，被四面八方趕來的藏人圍了好幾圈；幾乎個個相機在手的中外遊客探頭踮腳，企圖鑽空子擠進去。警察和武警空前之多，還從下屬各縣調來了不少警力。

　　我的運氣好，找到一個空檔擠到了最前面，正好看見玉樹州的服飾表演隊經過。果不其然，來自六個縣的男女表演者有不少身穿鑲有水獺、豹子和老虎皮毛的藏裝，頭頂、胸前和手上淨是層層疊疊、無比鮮豔的巨大首飾，十多個警察如保鏢一般護送著他們環繞全場。當他們稍作停留，一些來自中國內地媒體的攝影者蜂擁而上，爭相拍攝身穿豹皮虎衣的表演者，似乎那代表了藏人的服飾文化，抑或是反映了藏人的幸福生活。可以說，近些年來藏人盛行穿豹皮虎衣的惡劣風氣，正是與並不瞭解西藏文化的內地媒體有意無意的過度宣傳分不開的。

「康巴藝術節」上的豹皮虎衣。

　　玉樹州五百八十人的舞蹈隊是由各單位選派的工作人員以及各學校選派的學生組成，也有許多人穿著鑲有水獺、豹子和老虎皮毛的藏裝。我問過其中一個學生，他無奈地說是「政治任務，不穿的話就是政治犯」。政治犯的說法可能是誇張了，但是當地人都說：參加表演的公職人員不穿會被下崗，參加表演的農牧民不穿會被扣發六至七月排練期間每日五十元工資。還有人說不穿豹皮虎衣會被罰款。

　　同樣，從雲南省迪慶州、四川省甘孜州、西藏自治區昌都地區派來的服飾表演隊，也有不少男女演員身穿豹皮虎衣、

佩戴碩大首飾。很顯然，這已不是簡單的服飾表演，而是某種政治表態，坐在主席臺上的高官們正在進行審查和評估，通過穿不穿皮毛，看各地區的負責人是否具有反對尊者達賴喇嘛的「政治覺悟」。

然而觀眾中的藏人卻極少有穿豹皮虎衣的，所穿的藏裝如同我在這次安多和康的旅行中看到的，曾經鑲飾過珍稀動物皮毛的邊沿，如今鑲飾的全是色彩繽紛的錦緞，看上去美麗大方卻不奢華誇張。爲此我做了一個隨意調查，向十來個藏人詢問何以不穿豹皮虎衣，無一例外，他們的回答都是與尊者達賴喇嘛呼籲放棄這一惡俗風氣有關。事實上，統計在「康巴藝術節」上穿豹皮虎衣的藏人，與往年類似的節慶活動相比，顯然減少了很多。二〇〇一年夏天，我見過玉樹州建州五十年的慶祝活動，當時無論是表演者還是觀眾，穿豹皮虎衣可謂蔚然成風。

值得一提的是在七月二十九日的閉幕式上，當各地服飾表演隊再次環繞全場時，我聽見從觀眾中發出了喝倒采的聲音：「豹皮，虎皮，可恥！」甚至在我與三位擔任執勤的藏人武警交談時，他們也大膽地表示，尊者達賴喇嘛的呼籲才是對民族的愛護，對生態的珍惜。

二〇〇七年七月（唯色）

# 與其遷怒民眾，何不清理門戶

自八月以來，甘孜州十八個縣八十五萬藏人被捲進政治的漩渦。據官方媒體報導，四川省委指示，反分裂鬥爭要「抓好幹部這個關鍵，抓好群眾這個基礎，抓好僧尼這個重點」。據悉四川省委十餘名常委除一人外，其餘都親赴甘孜州督陣，工作組與武警、公安聯合，遍布各縣各鄉各寺院。

康地牧民榮傑阿札在賽馬會上公開抗議，只是引發當局採取行動的導火索。近年來甘孜州各地事故頻仍，如德格縣牧民焚毀內地公司經營的犛牛肉加工廠，道孚縣村民衝擊當地政府與礦主在神山開礦，稻城縣著名的亞丁景區因村民阻止建賓館、修纜車以及砍伐神山林木而被關閉，稻城縣兩個鄉的村民因蟲草糾紛造成血案，巴塘縣和白玉縣的村民也因蟲草糾紛造成血案，以及瀘定縣農民抗議官員強占土地等。另外，還有理塘縣和雅江縣民眾為冤屈入獄的活佛舉行聲援活動；甘孜縣和道孚縣有僧尼被控涉嫌政治問題而遭捕……

二〇〇七年夏天的甘孜已是風雨欲來。

　　當局卻把這些事件大都歸因於民衆企圖從開礦、開廠、徵地、旅遊、蟲草等糾紛中獲取最大好處。總之都是農民、牧人的錯，因爲他們貪心，所以總鬧事。高明一點的解釋是歸因於經濟利益引發文化衝突。狠毒的則是扣上「分裂」行爲和「恐怖」活動的帽子。而事實上，最大的肇事成因卻是官員的貪腐。由上至下，官員們相互默契和包庇，民衆利益在軟硬兼施的謊言中被剝奪和犧牲，但這衆所周知的情況當局從來隻字不提。稻城縣的械鬥中有八個村民遭槍殺、五十多人受重傷，至今未處理，縣委書記不但毫髮未損，還官位升遷。

當局治標不治本，不是清理自家門戶，平息民憤，反而遷怒於僧俗民眾。在我的博客上，有人留言披露，甘孜州政府要在今年十二月底完成「愛國教育活動」，每一項舉措都衝著僧俗民眾，如將所有未滿十八歲的僧尼以及從印度返回的僧人逐出所在寺院；登記和盤查所有去印度聽過法會的藏人；強令所有職工拆除家庭佛堂；人人都必須通過譴責尊者達賴喇嘛才能過關，並且要進行錄影和錄音為證等等，做的全是讓民眾寒心的事情。而今天，我又聽到甘孜州凡是持有護照的僧俗民眾皆被沒收護照！

三個月前，我在康地旅行時已經感受到緊張氣氛，甘孜縣城當街高掛「反恐」標語，代號「天府二○○七──甘孜反恐怖演習」剛剛結束。江澤民在一九九一年的指示「穩藏必先安康」是當地官員的尚方寶劍，然而當局力圖「安康」的康地卻動盪不寧，要找禍端之源，不應對準人民，而應整肅自己。

二○○七年十一月（唯色）

# 從一個個禁令中瞭解傳統和歷史

也許我們應該感謝控制我們的這個政府，因為它正在以一種曲折的方式，對藏人宣傳西藏的傳統和歷史，讓藏人尤其是年輕的藏人瞭解、銘記西藏的傳統和歷史。

比如前不久，西藏眾多的傳統節日之一「拉波堆慶」（降神節）又遇禁令，這反倒提醒了眾多藏人記住這個日子。說實話，在通行使用西曆的今天，藏曆在日常生活中的淡出，使得很多忙忙碌碌的人淡忘了一個個有著美好的精神含義和古老的習俗傳承的節日，所忘卻的不僅是節日的時間，甚至包括節日的名字，一併擲於腦後。

拜當權者所賜，一個個聲色俱厲的禁令反而令我們警醒。於是常常會有這樣的對話：一個人忿忿地說，又開會了，又通知說明天不准參加這個那個佛事活動，否則就會招來形形色色的處罰。明天？明天是什麼日子？另一人悄悄問。而明天，不是藏曆正月的「默朗欽墨」（新年祈願法會）、藏曆四月十五

日的「薩嘎達瓦」（佛陀誕生成就圓寂日）、藏曆五月十五日的「贊木林吉桑」（世界焚香日）；就是西曆七月六日的「沖拉亞歲」（為尊者達賴喇嘛誕辰日舉行的慶祝活動）、藏曆六月四日的「楚巴次西」（轉山節）、藏曆九月二十二日的「拉波堆慶」、藏曆十月二十五日的「甘丹安曲」（燃燈節）……很自然地，話題就會繼續深入，圍繞著節日的來歷、儀式、意義，猶如重溫一段記憶，或者開講一堂課程，言者有意，聽者有心，從此怕就再也不會忘記了。

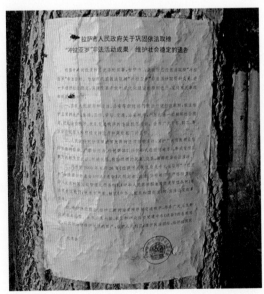

二〇〇一年七月，當局禁止藏人紀念「沖拉亞歲」而在拉薩各處貼的告示。

雖然有的節日被庸俗化了，如藏曆七月一日的「雪頓節」（供養僧侶酸奶的節日）變成了招商引資的招牌，藏曆十月十五日的「白拉日追」（吉祥天母節）變成了女人在這天可以向男人伸手要錢，但也會激起不甘庸俗的人們回溯源流，珍視傳統。另外，還有一些很敏感的時間，如每年西曆三月、九月和十二月，整個拉薩戒備森嚴，禁令頻傳。於是反倒讓許多藏人，尤其是年輕的藏人，記住了一九五九年的三月十日（拉薩事件）、一九八九年的三月（拉薩民眾抗議遊行）、一九八七年的九月（拉薩民眾抗議遊行）、一九八九年的十二月十日（尊者達賴喇嘛獲得諾貝爾和平獎），這都是西藏在半個世紀來發生劇變的日子，知道了這些日子，也就記住了在血與淚的交融中，六百萬藏人的挫敗、犧牲、反抗和榮耀。

　　如此說來，還真的要感謝這個企圖牢牢桎梏藏人身心的政權，長期以來不厭其煩地頒布一個個違背這個國家憲法的禁令，在一代代藏人心中強化著民族的傳統、恢復著劇變的記憶、提升著民族認同感和民族主義的自豪。難得一片苦心啊，請允許我在下一個禁令頒布之時獻上一條哈達，因為我開始相信，他們當中或許有人諳熟反其道而行之的計謀，更明白以其人之道還治其人之身的道理吧。呵呵，誰知道啊。

二○○七年十一月（唯色）

# 一位活佛使用僞造的護照

　　上個月，海外許多媒體報導安多的夏里活佛因爲持假護照出境，在香港入獄受審。夏里活佛是安多果洛東日寺的住持，報導稱，由於政治原因無法在青海取得護照，但爲了籌款給當地貧苦孩子興建學校以及維修寺院，他只好採用僞造的護照，結果出事。經港臺兩地的佛教信徒求情，力證夏里活佛一直致力弘法及慈善，法庭予以寬貸，在羈押近兩月後，將他遣返青海。

　　那麼，夏里活佛在當地無法取得護照的政治原因是什麼呢？從報導可知，這位三十四歲的活佛並沒有參與任何反對當局的政治活動，但都提及他曾遠赴印度拜見尊者達賴喇嘛，聽聞法王傳法。看來這就是政治原因。也就是說，雖然這是一位在當地受人尊重的活佛，但因他拜見過尊者達賴喇嘛，從此無法得到護照，理由無須細說，籠統稱之爲「政治原因」。

　　境內各藏地無法取得護照的藏人並不只是夏里活佛；事

中國武警在邊境線上嚴防辦不到護照而「偷渡「的藏人。（Pavle Kozjek攝）

實上，境內各藏地相當多的藏人都很難取得護照，而當局往往
會歸結於「政治原因」，一般都與尊者達賴喇嘛和流亡西藏有
關。只要提到「政治原因」，這個人就被定性了。就像前些
年，只要說誰出身「三大領主」，這個人就無法翻身了。當然
也不全是「政治原因」，但當局不給護照就是不給，哪怕沒有
任何理由，哪怕公然違反自己制定的護照法。

　　三年前，在拉薩發生過一個真實的悲劇。與夏里活佛不
同，這是兩位普普通通的拉薩老人。身患絕症的丈夫千辛萬苦
才得到護照，為的是在臨終前去看望在印度為僧的兒子，妻子

卻無論如何得不到護照。丈夫只有做出痛苦的選擇，要麼臨死見不到兒子，要麼從此與妻子永別。最終丈夫獨自去了印度，心裏還存有全家團聚的希望。留在拉薩的妻子天天去護照部門乞求，仍然毫無希望，數月後等來了丈夫病故的消息，痛不欲生。

至於我，這幾年來屢屢申請護照而不得，也是所謂的「政治原因」所致。我只能遙遙無期地等待。在等待的日子裏，看見一幕幕人間悲劇降臨在藏人身上，如那兩位老人不得不生離死別，如夏里活佛不得不持假護照的無奈，以及無數不得不冒著生命危險，翻越喜馬拉雅雪山，渴望去印度朝聖、探親、求學的藏人，其中就有在囊帕拉山口被中國武警開槍打死的十七歲女尼格桑南措……

網上有篇文章〈幸福不在拉薩，西藏不是天堂〉，其中這句話很精彩：「中國人在中國你可以申請護照去任何國家旅遊，西藏人民不可以；在中國你可以掛毛主席像在身上，西藏人民不可以掛達賴喇嘛的頭像」。作者是在西藏生活了七年的漢人，顯然他很清楚，藏人並不能得到作為國家公民所應享有的正當、正常的權利。那麼，藏人究竟是這個國家的公民，還是被這個國家的政府所殖民的民族呢？

二○○八年二月（唯色）

# 藏人爲何捨命逃印度？

二〇〇六年九月三十日，中國邊防軍在囊帕拉山口槍殺逃亡藏人的血腥事件，令世界震驚並且抗議。也有一些聲音表示不理解，質問西藏人爲什麼非得以這種「偷渡」的方式，不顧生命危險，徒步翻越喜馬拉雅雪山，逃往遠離故土的印度？如果只是因爲朝聖、探親或學習，爲什麼不能通過辦理護照的正常渠道，一路平安地走出邊界？

是的，這也是我們需要得到回答的問題。只是我們質問的對象不是每年多達上千的逃亡藏人，而是造成這麼多藏人不得不以這樣不正常的方式出國的中國政府。

在當今中國的絕大多數地方，出國早已不是困難。只要帶上身分證、照片和二百元人民幣，去駐地公安局辦理護照的部門申請，數日之內就能辦妥。給國民發放出國護照，是一個獨立國家的主權標誌之一，也是這個國家的公民應該享有的基本權利，爲此如今有很多中國人在世界許多國家旅遊、經商或者

學習。

　　可是，除了政府公派出國的藏人，對於普通藏人來說，出國並不容易。在四川、雲南、青海和甘肅的藏地，尤其是在所謂的「西藏自治區」，普通藏人要辦護照比登天還難。層層部門的關卡，繁瑣的手續，沒完沒了的盤查，甚至還要請客送禮。一年半載才給護照已經很走運，更有可能是不給護照。不管是在單位上班的藏人還是沒有單位的居民都不好辦，至於穿袈裟的僧尼更難辦。

　　既然這麼困難，藏人們若想去朝聖、探親或學習，就只有跋山涉水、風餐露宿地逃亡了，不但要忍受一路上的饑寒交迫，還要忍受一路上各色人等的敲詐勒索，光是金錢就要損失數千上萬。更可怕的是不但半途可能被抓住，關進監獄，甚至還會付出流血捨命的代價。相信誰都明白，如果能夠像中國的其他國民那麼容易地辦護照，藏人又何必如此自討苦吃？

　　有一度，除了西藏自治區依然難辦護照，其他四省藏地的藏人相對比較容易，這是因為同一省份的其他民族尤其是漢人，獲得的是這個國家所給予的正常辦理護照的權利，這些地區的藏人也就跟著沾光，於是年初尊者達賴喇嘛在印度舉辦時輪金剛灌頂法會時，有近萬名境內藏人專程趕來，大都來自四省藏地。但是，因為在法會上尊者達賴喇嘛呼籲藏人保護野生

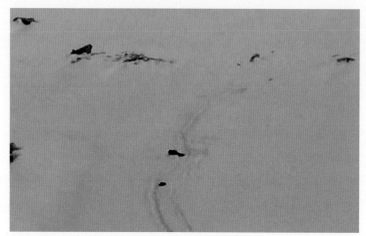

辦不到護照而不得不「偷渡」的藏人，被中國武警開槍打死在雪地上。（Pavle Kozjek攝）

動物，不要穿野生動物皮毛鑲飾的服裝，當場得到這些境內藏人的回應，並很快在藏地掀起焚燒皮毛藏裝的活動，中國政府重又關閉了辦護照的大門。

　　既然護照還是辦不了，藏人就只有不顧一切地「偷渡」這一條路了。說到底，藏人在這個國家，依然得不到大多數中國國民應該享有的基本權利。

二〇〇六年十二月（唯色）

# 流亡意味著什麼？

　　所有的人，我指的是中國大陸的人，都比流亡藏人更有出入西藏的權利和自由。想去哪就去哪，想怎麼走就怎麼走。坐飛機，坐火車，坐汽車，或者自己開車自駕遊，或者騎摩托車騎自行車，要不乾脆走路。不需要護照，不需要進藏批准函，不需要港臺通行證，總之不需要任何手續。有錢就行。我曾在回拉薩的火車上遇見一個西安女子，因為和丈夫嘔氣，只帶一張銀行卡就去拉薩旅遊了。甚至沒錢也行。這個國家笑貧不笑娼，兩把菜刀就可以鬧革命。

　　長期在西藏謀生的，好聽點的叫「藏漂」，其實都是「包工隊」；短期在西藏旅行的，跟旅遊團的叫「遊客」，自己走的叫「散客」。不想待西藏了，想去鄰近的尼泊爾，可以到緊挨著羅布林卡的尼泊爾領事館辦簽證，輕而易舉就能拿到，讓別說簽證連護照都難辦的藏人，雖然生活在自己的土地上，卻有寄人籬下的感受。

印度北部的達蘭薩拉是流亡藏人的中心。（Yeshe Choesang攝）

　　而流亡在外的藏人們，哪怕年邁的父母在家鄉苦苦等候，哪怕妻子和兒女或者丈夫和兒女都在西藏，對於絕大多數人來說，終其此生，也沒有一次回西藏的機會。必須等待；等待時局有轉機的一天，他們才可能回到故鄉。許多人就在等待中耗盡了這一世的生命，踏上了通往來世的輪迴之路，而來世，他們還會是如此不幸的藏人嗎？還不如轉世成漢人算了，這樣就可以大搖大擺地重返西藏了。曾經一度，似乎轉機出現了，北京高抬貴手，允許流亡藏人回家看看。但也只是很少的人，還得有條件有名額有限制。如今，居住世界許多國家的藏人每去中國使館辦簽證，不但要接受個人身世的調查，還要對在藏期間的行為立下保證，即使受夠懷疑和折磨，仍有可能無果。今

年西藏自治區的春節、藏曆新年晚會上，主持人說「向旅居海外的愛國藏胞們拜年」，聽上去熱情洋溢，事實上虛情假意，因爲十多萬流亡藏人中，被中共賞賜「愛國藏胞」之稱的寥寥無幾；即便是這寥寥無幾的「愛國藏胞」，也不可能暢通無阻地回到家鄉，需要付出良心的代價。

聽說過流亡藏人的很多故事，如居住挪威的瓊達科倫，一九五九年與母親逃離西藏後再沒回過故土，即使她花高價準備加入從尼泊爾去西藏的旅遊團隊，可還是不獲批准，不讓她跨過邊界，與唯一的親人見最後一面。如居住達蘭薩拉的德吉，離開拉薩時是青春少女，從此與「政治犯」的父親生死兩茫茫。即使可以回來，如居住在美國的旺秋，在拉薩和母親相伴期間，門前停著警車，出門有人監視；如居住在英國的嘉措，原本早就預訂的火車票，因爲他是來自境外的藏人，竟不允許他上火車……有一部紀錄片中，一位流亡異鄉幾十年的老喇嘛，孤獨地站在邊境線上另一側的山頂，遙望西藏的廣闊山河，忍不住放聲痛哭……

流亡意味著什麼？流亡意味著沒有回家的自由，沒有與親人團聚的自由。流亡意味著你的家鄉已經成了別人的樂園，而你卻沒有和別人同樣平等、享受自由的權利！

二○○八年二月（唯色）

# 爲什麼要從內地往西藏派導遊？

二〇〇二年，一個在加拿大做旅遊生意的華人到西藏旅遊後，對西藏的藏人導遊發難。他給北京政府寫信，狀告藏人導遊把解放軍說成「內地來的中國軍隊」，向遊客解說西藏寺院是被文革毀壞，甚至在布達拉宮廣場看升中國國旗時神情不對也成了罪名，都是藏獨傾向；還舉報西藏的藏人導遊多數從印度回來，立場都站在達賴一邊，因此不利中國對西藏的主權。

告狀信被送到當局最高層，驚動了胡錦濤親自批示，要求西藏全面清除從印度回來的導遊。被那位華人點名的導遊進了監獄。的確，西藏的藏人導遊很多在印度學習過，他們英語好，熟悉外面情況，因此受旅行社歡迎。這些導遊被清除，西藏立刻面臨導遊嚴重匱乏。爲了解決這個問題，北京搞了一個「導遊援藏」運動，從內地旅遊界往西藏派導遊，每年一批，各省市都出人。

內地來的導遊使西藏的旅行社爲難，因爲到西藏旅遊的外

穿藏裝的女導遊其實是漢人。（博札瓦 攝）

國遊客普遍不願意要漢族導遊。比較委婉的客人說，在漢地旅
遊我們不會要藏族導遊，願意要漢族導遊，現在到藏區旅行就
應該給我們藏族導遊。態度比較激烈的客人則是不換導遊就不
參加活動。

　　內地援藏的導遊外語水平一般都不錯，工作態度也可以。
但他們不瞭解西藏歷史和文化，只能背誦導遊手冊，尤其在政
治方面嚴格遵照官方口徑。如在羅布林卡和布達拉宮一定要向
遊客說，達賴當年發動了「叛亂」，不得不逃離祖國，現在只

能在海外過流亡日子等。這種解說往往引起國外遊客不滿，援藏導遊卻堅持他們的解說是事實，因而造成雙方矛盾甚至衝突。

目前，隨著青藏鐵路修通，中國政府正準備在西藏更大規模地開展旅遊，導遊問題將會變得更加尖銳。旅遊業不是僅靠鐵路和酒店就能開展的，人的因素更重要。其實不僅外國人到西藏希望導遊是藏人，就是漢人到西藏旅遊，也不會願意導遊是漢人。對這一點，西藏本土的漢人導遊都清楚，他們給自己起藏名，學藏語，穿藏裝，裝成藏族，遇到藏語好的外國人，不好蒙混過關，就說自己是半藏半漢。當局應該明白這一點，旅遊者到西藏，不是爲了傾聽中國政府的政治宣傳，而是爲了用自己的眼睛看西藏。

二○○六年五月（王力雄）

# 西藏歷史的空白

　　中國的文化大革命是人類歷史上一個極爲獨特的事件，它除了是一段空前絕後的奇異歷史，還關係到對人類走向的探索，因此一直受到衆多研究者的關注。幸運的是，因爲文革波及廣泛，距離時間又不太遠，留下的資料可以用浩如煙海形容，世界各國的重要大學和圖書館都有收集。即使在文革研究遭到官方禁止的中國，文革資料在民間也多有流傳。

　　然而，無論是在文革研究方面，還是在文革資料收集方面，一直存在一個空白──西藏。目前對文革資料收集最全的是香港中文大學二〇〇二年出版的《中國文化大革命文庫光碟》，收錄了上萬篇文件、講話和其他文獻，其中關於西藏的文獻只有八篇；美國華盛頓的中國資料研究中心出版的《新編紅衛兵資料》，收入三千一百種紅衛兵小報，其中西藏的小報只有四種。正如文革研究專家和文革資料編纂者宋永毅在給我的信中感慨：「西藏材料可以說是奇缺……我們對西藏文革實在瞭解得太少了！」

唯色二○○六年在臺灣出版的兩本關於西藏文革的書。

　　即使在官方的西藏自治區檔案館，從一九六六年到一九七一年也是一個斷層。六年時間留下的材料僅有三份。文革初期最熱鬧的兩年竟然一份材料也沒有。

　　當然，西藏文革的資料肯定存在，至少在文革中掌握西藏重權的西藏軍區就保存得相當多。但那是一個深埋的黑箱，衛兵把守，絕不外露。跟所有被中國官方掌握的文革資料一樣，被當作不可見天日的「絕密」。文革不僅是會使中共痛楚的舊疤，而且挖掘下去，會觸及中共制度的根本，所以儘管已過

四十年，文革在中國仍被列爲不可觸碰的禁區。

　　在世界面前，文革是中共的一個尷尬，西藏則是另一個尷尬，因而西藏的文革就成了雙重禁區，更加不可觸碰。中共統戰部一九九九年編輯的《圖說百年西藏》畫冊，數百幅照片中竟然沒有一張文革期間的照片，似乎一九六六年到一九七六年的十年時間，在西藏歷史上不曾存在！

　　面對這樣有意的抹殺，「與強權的鬥爭就是與遺忘的鬥爭」益發顯得千眞萬確。如果上百萬平方公里的西藏是文革研究的空白，文革研究就永遠無法完整，因此西藏的歷史也將是不眞實的。

　　　　　　　　　　　　　二○○五年九月（王力雄）

# 記者的尷尬與
# 「回答敏感問題的口徑」


二〇〇八年的奧運會要在北京舉辦，使得中國擺出了寬容姿態，放鬆了外國媒體的採訪限制。向來對外國媒體戒備森嚴的西藏也露出了微笑，但這笑容是真誠的還是虛偽的，笑容後面是光明磊落的真實還是精心安排的節目，那些到西藏採訪的媒體記者很清楚。

兩個多月前，有三十二位世界主要媒體的記者在中國外交部官員的陪同下，去拉薩等地採訪。政府官員舉行記者招待會，每去一地都有專人介紹情況並且回答問題。歷時七天，每天展示給他們的都是西藏的大好形勢，無論西藏的傳統文化、宗教信仰、人權保障、經濟水平、生態環境等等，無一不是大好特好。用西藏高官的話來說：「西藏正處於歷史上發展、穩定的最好時期。」

如果真是這麼好，為什麼這些記者並不認可呢？有位記者告訴我，他在西藏期間最大的感受是尷尬。並不只是他尷尬，

幾乎所有記者都感覺尷尬。而且不只是記者們尷尬，包括被採訪者和在場的翻譯、官員都感覺尷尬。他舉了一個實例，在訪問一座享有盛譽的寺院時，當記者反覆詢問僧人是否希望達賴喇嘛回到西藏，面對眾多鏡頭和錄音機，僧人雖然直言回答希望達賴喇嘛回藏，但他的神情和語調卻讓在場者體會得到所冒的風險。同時，僧人的坦言又讓在場的官員不安，立即問寺院的「反分裂」情況，這既是對僧人的警告，也是向上級表明自己沒有失職。然而，記者的職責是瞭解並報導真情實況，僧人的戒律是不妄語，自稱「人民公僕」的官員們，又拿什麼當作為官的準則呢？

那位僧人的直言回答確實冒了很大風險。如果這些記者得知對一些所謂對外開放的西藏寺院，當局下達過這樣一份文件，不知作何感想。文件的標題是：〈關於回答有關敏感問題的口徑〉，其中列舉了外國記者可能問到的一些問題，以及所規定的標準答案，如外國記者問到對達賴喇嘛的感情，要回答「從宗教上，以前是信奉的，但自五九年以來，他始終從事西藏獨立、分裂祖國的活動，令我們很失望，已經與我們的根本利益不一樣了」；問到是否希望達賴喇嘛回來，要回答「只要他放棄分裂祖國、西藏獨立的立場，我們僧人也歡迎他回到祖國、回到西藏」；問到關於小班禪和其他幾個靈童，要回答「小班禪現在北京高級佛學院學習，每年回西藏一次。其他幾個我們不知道情況，關於達賴認定的，我們也不知道情況」；

## 关于回答有关敏感问题的口径

1、对达赖的感情问题：从宗教上，以前是信奉的，但自59年以来，他始终从事西藏独立、分裂祖国的活动，令我们很失望、已经与我们的根本利益不一样了。

2、是否希望他回来？只要他放弃分裂祖国、西藏独立的立场，我们僧人也欢迎他回到祖国、回到西藏。

3、关于宗教信仰自由政策：在西藏，宗教信仰自由政策得到了宪法和法律的保护。政府对各种宗教、各个教派，对信教群众和不信教群众，都一视同仁、一律平等地给予尊重和保护，对爱国宗教团体和宗教活动场所的耕地、牧场以及为了自养目的开办的经济实体减免税收政策。

在祖国法律允许的范围内，我们享有充分的宗教信仰自由，由于僧人自然减员，大昭寺近些年先后吸收了不少僧人，现实有122名僧人，基本满足了宗教活动的需要。我们现在不仅宗教活动满意，而且生活得很好，生活水平在不断地提高。

4、关于信仰"修丹"问题：信仰"修丹"本来是信教群众个人的事情，政府对信奉"修丹"不信奉"修丹"或者信奉其它教派的群众，是一视同仁，一律给予保护的。有人想利用信仰"修丹"问题，制造教派之间矛盾，达到其它不可告人的目的，政府是坚决反对并依法严厉打击的。

5、关于西藏民族宗教文化保护问题：国家和西藏自治区各级政府，特别重视民族宗教文化的保护。大昭寺于2000年列

當局給寺院下放《關於回答有關敏感問題的口徑》之一。

問到是否希望噶瑪巴回來，要回答「他與我們不是一個教派，我們不太清楚。當然如果說他與從前一樣心向祖國，我們也希望他回來」等等。

　　一口一個「我們」，這個政府竟連藏人要說什麼話、說怎樣的話也一概代言了。如果連真話都不敢說、不能說，這個社會還會是「發展、穩定的最好時期」嗎？拉薩的一位德高望重的喇嘛這樣感歎：「在今天，在西藏，做一個僧人太難了！」而在拉薩有過親身體驗的記者在離開拉薩時，也如是總結：「西藏，是占領者統治被占領者的土地。」

二〇〇七年十月（唯色）

VI 達賴喇嘛的兒女

# 你憑什麼妖魔化西藏？

　　發生在中國山西等地的大規模奴工事件，最近被媒體曝光之後震驚世界。在那些遍布鄉村的磚窯、礦場受盡奴役的工人中，有上千名被拐賣為奴的孩子，最小的才八歲。他們在監獄一般的看管下強制勞動，沒有報酬，遭受虐待，有的甚至被活埋。中國有良知的知識分子憤怒地批評，這是比「奴隸制還要黑暗、還要醜惡一萬倍的」「地下奴隸制」。而這樣的黑暗和醜惡，竟發生在天天宣講「和諧社會」的今日中國，實在是莫大諷刺。

　　按照中國教科書上的說法，這種慘絕人寰的奴隸制發生在古代中國和羅馬帝國，已隨滔滔向前的歷史長河遠去，到了二十一世紀的今天，中國已是「大國崛起」，已然驕傲地躋身於現代文明世界。然而不止山西，中國各地多少年來一直存在著奴工現象，若比奴隸制還要黑暗和醜惡一萬倍，當今中國豈不是開了歷史的倒車？

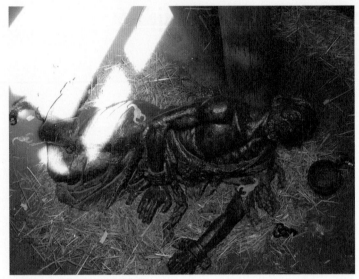

當局製作的「雪監獄」中的蠍子洞。

　　一直以來，中共把一九五九年之前的西藏定性爲「農奴社會」，而且還是「最反動、最黑暗、最落後、最殘酷、最野蠻」的農奴社會，所以「祖祖輩輩生活在水深火熱之中的」百萬農奴，日夜盼望「救星毛主席」和「救星共產黨」。一九五九年之後，「在毛主席和共產黨的英明領導下」，西藏「從一個農奴社會直接過渡到了現代社會」，從此「翻身農奴得解放」。這種爲了掩飾侵略者的殖民行爲，對西藏歷史和西藏傳統社會制度進行妖魔化的處理方式，至今仍然沒有停止，甚至越演越烈。

前不久在拉薩開放了精心布置的「布達拉宮雪城」景點，據報導是「反映舊西藏封建農奴制度的一個縮影」，其中的「雪監獄」再現了「舊西藏」這個「最悲慘的人間地獄」。與文革期間的宣傳手法相同，不外乎又是展示一些手銬腳鐐等刑具，塑造一些農奴主殘酷迫害農奴的雕塑，陳列幾張人皮人骨的圖片以及兩張不知是真是假的人皮，再配上皮鞭抽打和呻吟慘叫的類比聲音，以及陰森森的音樂和故意悲憤的解說，在光怪陸離、忽明忽暗的燈光效果下，給遊客灌輸一個「人間地獄」的印象，以此來誇耀今天的西藏「進入了西藏歷史發展的最好時期」。

　　對照今日中國發生的奴工事件，正如中國獨立作家劉曉波所說：「這樣的人間地獄，存在了不是一年兩年，而是歷時數年……沒有公權力的默許和配合，絕不會有如此大規模的當代『童奴』」，我們很難相信連中國自己的許多地方仍在地獄之中，而西藏會被同一個專制政權帶進「人間天堂」。我們承認西藏傳統社會制度確實存有許多問題，可那已是上個世紀的過去了，而已經進入現代社會的中國竟然還有大量的奴隸主和奴隸，所作所為比奴隸制還要黑暗、醜惡一萬倍，實乃當今世界最真實的妖魔當道，又有什麼理由不停地妖魔化西藏的過去呢？豈不是可笑之至！

二〇〇七年六月（唯色）

# 誰不願意達賴喇嘛回來？

　　青藏鐵路通車以後，中共的西藏官員們面對湧往拉薩的境內外記者，一個個臉不紅、心不跳地說：「西藏的老百姓並不歡迎達賴回來」。政府主席向巴平措不但誣衊尊者達賴喇嘛要求和談的善意「完全是空話，是他要實現『西藏獨立』的一個步驟」，還用「文革」造反派的腔調說：「只要他搞分裂活動，那露頭便打」。而那位掌握西藏實權的區黨委書記、前新疆生產建設兵團的司令員張慶黎，一邊勒令對西藏境內的「分裂分子」「該殺的就殺，該抓的就抓」，一邊對國際媒體誹謗尊者達賴喇嘛「欺騙了他的祖國」，甚至可笑地質疑諾貝爾和平獎憑什麼授予尊者達賴喇嘛。

　　中共的這些西藏政客的集體表態，似乎給了外界這樣一個信號：在今天的西藏，尊者達賴喇嘛已經完全喪失信譽；在今天的西藏人心中，尊者達賴喇嘛已經成了最不受歡迎的人。然而，這個就像煙幕彈一樣的信號卻是最大的謊言，也是最無恥的謊言。當然這個謊言對於西藏人並不陌生，從一九五九年三

中共的西藏官員們。

月尊者達賴喇嘛被迫離開自己的土地，成為最令世人尊敬的流亡者，整整四十七年，這個彌天大謊就像一張網籠罩在西藏人的頭上，雖然令人窒息，卻也無人相信。

　　其實製造謊言的官員們自己也不相信，但是他們仍然會爭先恐後地向世界撒謊，這不但在強調階級鬥爭的「文革」時代如此，而且在「發展就是硬道理」的今天也同樣如此。無論是從北京委派的「駐藏大臣」、內地各省派遣的「援藏幹部」，還是西藏本土本族的部分官員，最大的本事不是「為人民服

務」，而是不遺餘力地攻擊尊者達賴喇嘛。這是因為對尊者達賴喇嘛的攻擊才是他們的鐵飯碗，攻擊得越是聲勢浩大、越是顛倒黑白，他們的飯碗才會端得越穩。也因此，至今仍然在西藏開展的「深入揭批達賴」的政治運動，其用意也在於此，甚至有故意激起民族情緒的傾向，以此向中共的最高權力層提供西藏出現「敵情」的證據，謀取自身的政治好處。

毫無任何西藏常識地詆毀達賴喇嘛，早已是這些漢藏當權者的謀生方式，可是他們卻對廣大西藏民眾普遍信仰尊者達賴喇嘛的真實狀況毫不關切，有意抹殺。所以最不願意達賴喇嘛返回西藏的不是西藏的老百姓，恰恰是這些官員──一群喪失靈魂、只能靠謊言度日的乞丐。而這也證明了這些官員對「西藏問題」的解決毫無半點誠意，從某種角度來說，是他們自動取消了中共統治西藏的合法性，因為從古到今，凡與民心背道而馳的，絕對不會是這片土地的真正主人。

二○○六年十一月 （唯色）

# 誰的感情「被傷害了」？

　　「美方此舉……嚴重傷害中國人民的感情。」這是中國外交部新聞發言人在最近的記者會上，就美國國會向尊者達賴喇嘛頒發金質獎章所表示的抗議。如果真的「嚴重傷害中國人民的感情」，這可不能視同兒戲。正如中國政府屢屢強調「西藏是中國領土不可分割的一部分」，西藏人民也應該順理成章地就是中國人民的一部分了。那麼，尊者達賴喇嘛這次獲金獎，對於廣大藏地的六百萬西藏人民來說，是不是在感情上受到了「嚴重傷害」呢？

　　先說拉薩。儘管連日來，所有的黨政機關、企事業單位以及各寺院、各學校、各居委會，已經大會小會嚴厲禁止各種慶祝活動，違者必究；所受到的懲處如開除公職和學籍、停發工資和退休金、取消勞保待遇、逐出寺院等等，不一而足。可是在十月十七日這天清晨，身著節日盛裝的藏人們在拉薩各條轉經路上，以「煨桑」這一傳統的慶祝方式點燃香草、拋撒糌粑，以致拉薩城的上空桑煙瀰漫。許多藏人還去各寺院朝拜，

二〇〇七年十月十七日，尊者達賴喇嘛獲美國國會金質獎，拉薩的藏人以傳統方式慶祝。（丹增吾堅 攝）

供奉酥油燈盞，頌讚尊者達賴喇嘛。布達拉宮廣場人流如潮，即使拉上了警戒線，藏人們依然向布達拉宮磕頭。拉薩最大的寺院——哲蚌寺的僧侶準備用傳統的慶賀方式，重新粉刷佛殿外牆（結果信眾被軍警驅逐、毆打，寺院被封鎖，僧人被軟禁）。

在其他藏地，如安多夏河，十七日晚上有上千民眾和僧侶燃放爆竹以示慶賀（結果被警察用水潑滅，且被沒收募捐的爆竹錢），幾個牧民高舉尊者達賴喇嘛的畫像行走街頭（結果被抓）；安多熱貢民眾去神山煨桑放鞭炮，青海湖附近的鄉民特意舉行賽馬會（結果被阻止）。又如康地，由於兩個多月前，一位理塘牧民勇敢地在官方舉行的集會上，呼籲讓尊者達賴喇

嘛回到西藏而遭逮捕，整個康地無不嚴加提防，層層控制，但仍有民眾和僧侶在神山和寺院悄悄煨桑祝禱。

一位用藏文和中文寫作的藏人作家，寫了一篇絕無可能在中國發表的文章，其中寫道：「我和我身邊所有知道這一喜訊的同胞都感到無比自豪和喜悅……這也是繼諾貝爾和平獎後，世界對尊者達賴喇嘛卓越貢獻的又一肯定，它不止是尊者達賴喇嘛的榮耀，更是境內外西藏人民的榮耀，是西藏歷史的榮耀！這榮耀的火把不僅點亮了西藏的自由之路，更點亮了所有在黑暗中尋找自由的人們！」而在中國內地學習的年輕藏人們，也在網上激動地談論著。有人說：「我是一個普通的藏民，我不在乎我們的嘉瓦仁波切得到了什麼獎，我只有個美好的心願，希望他能回到聖地拉薩！」

諸多事例，不勝枚舉。顯而易見的是，對於尊者達賴喇嘛獲金獎，西藏人民的感情不但沒有受到絲毫傷害，恰恰相反，全藏地為之歡欣鼓舞！難道西藏人民不是中國人民的一部分嗎？換句話說，既然中國外交部發言人認為「嚴重傷害中國人民的感情」，這是不是說，中國外交部的發言人並不承認西藏人民是中國人民的一部分？那麼，這算不算是「分裂分子」的行為呢？

二〇〇七年十月（唯色）

# 達賴喇嘛讓藏人自豪！

前不久，在接受英國電視四台的採訪時，我轉達了境內藏人對尊者達賴喇嘛的深厚感情：尊者達賴喇嘛作爲藏人的宗教領袖，讓我們從信仰上皈依他；作爲藏人的民族領袖，他在全世界的影響讓我們深感自豪！當時，我剛結束在安多和康地的旅行，有足夠的事實這麼說。在整個多衛康，無論走到何處，無論見到的是市民、農民和牧人，還是僧侶、教師和學生，甚至體制內的許多藏人，每每說到流亡中的尊者達賴喇嘛總是熱淚盈眶。

可是中共對尊者達賴喇嘛的詆毀和歪曲，從一九五九年尊者達賴喇嘛被迫離開西藏之後，就沒有停止過。最初出於「統戰」的需要尚未如此，但在毛澤東的心目中，顯然把尊者達賴喇嘛視爲一個不幸走上宗教之途的年輕人，否則他不會對一個宗教領袖說什麼「宗教是一種毒藥」。一九五九年以後，在中共強悍的宣傳攻勢中，尊者達賴喇嘛被賦予「最反動的分裂主義分子」的形象，而且被固定、被強化、被灌輸。多少年來，

藏地寺院不顧當局禁令，供奉尊者達賴喇嘛法像。

無論文革時用漫畫醜化，還是今天動輒斥責世界上凡是歡迎尊者達賴喇嘛的國家和領導人，中共從未放棄過對尊者達賴喇嘛的攻擊。

不同的是，過去還會連帶藏傳佛教一併唾罵，似乎藏傳佛教也是產生「舊西藏」所有罪惡的淵藪。這是因為中共從來都以所有宗教為對立面，藏傳佛教也不例外。但如今似乎獲得了赦免，當然前提必須是「愛國」。然而將尊者達賴喇嘛與藏傳佛教剝離開來，恰如將血肉相連的一個人割裂開來，本身就不正常，如同一種謀殺。將全身心奉獻給佛教和西藏且眾望所歸、民心所向的尊者達賴喇嘛，怎會是「阻撓藏傳佛教建立正常秩序的最大障礙」呢？而這樣的污蔑，一方面反映了占領者的強橫，另一方面也凸顯了它的愚蠢。

今天的世界已不是過去那種封閉的世界了。尊者達賴喇嘛的真實形象並未因為中共的扭曲而扭曲，相反的，正如美國國會眾議院議長、民主黨領袖佩洛希（Susan Pelosi）所言：「對於世界各地數以萬計的人們來說，達賴喇嘛陛下是他們的精神寄託，是內心和諧平安的源泉。尊者達賴喇嘛周遊世界各地，致力於不同宗教信仰間的溝通。他利用他的國際威望，推行佛陀的智慧、慈悲與非暴力的力量，來解決包括西藏在內世界各地的衝突。」

雖然藏人不幸，在於生爲藏人而不是別的什麼人；但藏人有幸，在於藏人因爲有了達賴喇嘛，世人才知道了藏人的苦難和善良。從一個民族的角度來說，達賴喇嘛的偉大，在於他表達了這個民族最深厚的慈悲和堅忍。這是我們共有的因緣賜予我們最大的幸運和恩情，感謝三寶，從未放棄我們！

二○○七年十月（唯色）

# 彌漫拉薩的桑煙

　　三月十四日早上，我接到朋友短信，問我這天是什麼好日子，他一早就被桑煙給燻醒了；而且拉薩的各條轉經路上有很多藏人在轉經，可要打聽的話，每個人都支支吾吾的。朋友是個年輕的漢人，因為皈依藏傳佛教來到拉薩學佛，住在老城區的一座大雜院裏。

　　這天確實是好日子，但也很特殊。因為遠在印度的達蘭薩拉，正在舉行祈願尊者達賴喇嘛永住長壽的法會。也因此，早在幾天前，拉薩的所有政府部門、企事業單位以及居委會召開緊急會議，嚴禁幹部、職工、公務員、居民、退休人員在這期間從事任何佛事，據聞拉薩市政府機關還在會上說：「想要工資的話就不准去寺院、不准去轉經、不准去煨桑」，儼然把藏人工作人員當成了伸手要錢的乞丐；拉薩市城關區政府乾脆取消了下屬各單位和十幾所學校法定的每週雙休日。

　　雖然這些年來，每逢宗教節日，類似的禁令都會在西藏

層層傳達，但是近來卻越來越嚴厲。如三個多月前的「燃燈節」，拉薩市委、市政府在《拉薩晚報》上公開通告市民禁止參與。而為了祈願尊者達賴喇嘛永住長壽，境內外藏地必然會出現萬民同心的場面，更是境內西藏當局極其不願看到的事實，於是如臨大敵般地下達禁令，加強各種警戒力量，不但在藏人聚居區增派祕密警察、巡邏人員、消防車輛甚至軍警，為防止藏人赴著名的朋巴日神山煨桑、掛經幡，還在拉薩大橋兩端部署了大批警察。

那麼，在拉薩的藏人們是不是就此被威懾住了？這天上午，我帶著相機轉拉薩，親眼目睹藏人們身穿節日盛裝朝佛、轉經、煨桑的盛況，親耳所聞藏人們念誦祈願尊者達賴喇嘛長壽的經文。面向布達拉宮磕頭的藏人數不勝數，我也好不容易擠了進去，在光滑至極的石板上磕了九個長頭。大昭寺裏手捧哈達和酥油的藏人排著長隊，許多人在給釋迦牟尼、觀世音和蓮花生等佛像上金，我也隨喜一份，以表供奉之心。有意思的是，布滿各條轉經路上的數十座煨桑爐有些竟然被人封了。究竟是被誰封的？所有轉經的藏人都明白，但都平靜地在被封的煨桑爐旁邊點燃桑枝，讓濃烈的桑煙彌漫拉薩。

前不久，西藏自治區的張慶黎書記在大會上聲稱「特別關注民生」，對照三月十四日以來的拉薩局勢，有藏人這樣評說：中國憲法規定宗教信仰自由，而在西藏，宗教信仰也是藏

二〇〇七年三月十四日，拉薩的藏人舉行祈願尊者達賴喇嘛長壽的佛事。

人的「民生」。既然聲稱「特別關注民生」，為何現實卻顯示的是民心的背離？不是民眾非要背離「關注民生」的政府，而是政府是否真正「關注民生」。民眾的作為並未背離這個政府制定的憲法，可是合法的行為，為何得到的卻是如此背離民心的「特別關注」呢？

二〇〇七年三月（唯色）

# 西藏流亡埋藏的伏筆

最近，達賴喇嘛是否可能來中國成了人們猜測的一個話題。有人認爲達賴喇嘛在海外流亡了近半個世紀，西藏問題尚未出現解決希望，而他自己又想回來，是不是白白繞了一個大圈？

我覺得應該這樣看，首先海外藏人流亡的近半個世紀，對保存和延續西藏文化的作用意義重大。如果達賴喇嘛當年沒有出走，西藏文化就不會獲得一個在中共統治之外的空間。流亡藏人在西藏境外建立的基地，使西藏文化儘管遭受了文革時的摧毀和今日的世俗化腐蝕，仍有一方安全之地得以延續命脈，不會斷絕。對一個民族來講，這種價值比其他政治目標更重要。政治是一時的，文化則是民族的根本。沒有達賴喇嘛帶領的流亡藏人，西藏文化毀滅的危險就很難躲得過去。

另一點，達賴喇嘛當年如果不流亡，而是留在西藏，他的結局即使不是坐牢，也是成爲傀儡。流亡使他成爲世界矚目的

二〇〇九年一月中旬，在佛教聖地瓦拉納西，尊者達賴喇嘛與眾僧侶舉行大型法會。
（朱瑞 攝）

領袖，成為對境內藏人而言的「彼岸」。「彼岸」總是具有最神聖的效果。最近的例子生動地展現了這一點——遠在印度的達賴喇嘛說了一句不要穿野生動物皮毛製作的服裝，就能讓藏區成千上萬的百姓把花大價錢買來的皮衣一把火燒掉。這種彼岸權威使中國當局感到恐慌。因此，當人們看到今日西藏境內

的末世景象，會相信只要有一天達賴喇嘛回到西藏，就能以摧枯拉朽之勢清除現存的敗壞因素，重整西藏文化，並且重新提升西藏的宗教。

第三點，由於流亡西藏的存在和達賴喇嘛的推動，西藏成功地實現了國際化。不僅是西藏的政治問題成為國際關注的熱點，西藏的文化也成為世界舞臺的時尚，西藏宗教則得到前所未有的傳播。西藏國際化的另一標誌是西藏的子弟遍布各個先進國家留學，培養出了一大批現代化人才，為將來管理和重建西藏打下最重要的基礎。這中間還有一個當初難以想到的結果，「西藏熱」通過西方社會進口到中國內地，帶動了漢族年輕人對西藏的興趣與熱愛。這對未來西藏問題的解決，也會起到積極作用。

這一切，似乎是在應驗蓮花生大師那句古老的預言：「當鐵鳥在空中飛翔、鐵馬在大地奔馳，西藏人將如螻蟻般星散世界，佛法也將傳到紅人的領域。」 以宗教眼光來看，西藏的流亡埋藏著深刻的伏筆，正在撰寫常人難以看破的因緣。

二〇〇六年五月（王力雄）

# 達賴喇嘛的兒女

七月六日正是尊者達賴喇嘛七十二週歲的誕辰日。所以我把這篇文章作為一份小小賀禮，獻給雪域藏人的精神領袖——尊者達賴喇嘛！

一個意味深長的現象是，如今在境內外藏人當中，許多藏人的名字都以「丹增」起頭。尤其在歷來被視為全藏地的中心——拉薩，名字中出現「丹增」的青少年相當普遍，年紀小的孩子更是如此。拉薩友人告訴我，在他的孩子就讀的幼稚園大班，將近五十個孩子中一半名字含有「丹增」，如男孩叫「丹增多吉」、「丹增旺堆」，女孩叫「丹增拉姆」、「丹增卓瑪」等。

傳統上，藏人名字多是由所尊崇的高僧大德賜予的。在藏人心中，高僧大德是救度眾生的諸佛菩薩化身，因此請他們為自己剛出生的兒女起名，有著非同尋常的意義。這也正是藏人名字重名很多，而且具有濃郁宗教色彩的緣故。通常從名字

在北京學習的年輕藏人信仰尊者達賴喇嘛。

上，亦可追溯到所皈依的是何教派或是哪位喇嘛。這些年來，在境內外藏人中含有「丹增」的名字之多，是因為藏人紛紛請求尊者達賴喇嘛賜名，而十四世達賴喇嘛的尊名是「丹增嘉措」。

據瞭解，請求尊者達賴喇嘛賜名的現象始於一九五九年以後。在這之前，尊者達賴喇嘛只給少數僧人賜法名，並不給俗人賜名。而在被迫離開西藏之後，十多萬藏人追隨而去，逐漸地，在流亡藏人中開始興起請求尊者達賴喇嘛賜名的現象。上個世紀八〇年代，在境內藏地尤其是在拉薩，悄然興起請求尊

者達賴喇嘛賜名的現象，當然這得委託境外親友的幫助，輾轉相告，很不容易。我也幾次受人之託，請達蘭薩拉的友人從尊者達賴喇嘛辦公室為剛出生的孩子求過名字。

而在當年那場席捲青藏高原的「文革」風暴中，由於藏人自己的名字被當作封建迷信的產物遭到取締，藏地曾經出現改換漢名的風潮，即使起的是藏名，也具有時代色彩，如「金珠」（解放）、「達瑪」（紅旗）、「薩幾」（革命）等等。「文革」如同一場噩夢結束之後，藏人們重又恢復傳統的名字，這意味著信仰的回歸、民族認同感的復興，以及渴望用自己的文化建設自己的生活，而不是順從外來強權的壓力。

為自己的後代請求尊者達賴喇嘛的賜名，更是表達了全民的敬仰之情和含蓄的政治訴求。「丹增」在藏文中的含義是護持佛法。而在今天，「丹增」如同一種姓氏，所有名字中有「丹增」的藏人就像是同胞手足。當許許多多藏人的名字都有了「丹增」這個姓氏，如同擁有了同一個大家庭的背景——我們因「丹增」凝聚在一起，同屬一個血脈，同屬一個民族，同屬一個不可摧毀的信仰。「丹增」猶如一面旗幟，我們匯聚在這面旗下；「丹增」猶如一個標誌，我們都是尊者達賴喇嘛的兒女！

二〇〇七年七月（唯色）

# 沒有爭取，哪來得到？

　　最近，尊者達賴喇嘛明確表示，將由藏傳佛教信仰者公投決定達賴喇嘛轉世制度的存廢；如果決定仍要沿襲達賴喇嘛制度，他將於中國境外轉世，或在圓寂前選定下一世達賴喇嘛，而繼任者將繼續未盡的事業。

　　在我的博客上，一位叫Tenzin的網友留言，對此表達複雜的感受：「我心裏火燒火燎的，無奈，又恨，又難過，不是一個藏人，恐怕不會體會這種傷痛。眼淚和哭聲都是迸出來的，壓都壓不住。我們在幹什麼？」

　　Tenzin接著講述境內藏人的真實處境：「我們已經學會保護自己，自我清理，敏感的話題、詞語一概不說。能說的不能說的，能做的不能做的，沒有標準，但我們心裏最清楚。看網路上各色消息評論，我閉緊嘴巴，不做評論，就怕會落個把柄，落到時時監控著的、無處不在的國家的手裏。但是他就逼你到牆角。在甘孜，人人要表態，『各鄉村牧場受到嚴密監

二〇〇七年十月十七日，尊者達賴喇嘛獲美國國會金質獎，哲蚌寺僧侶以傳統方式慶祝，當局派重兵圍困寺院，抓捕僧侶。（佚名 攝）

控，要求民眾開會洗腦、批判和揭發。凡是敢於表達不滿的人一概逮捕。』下一步，是我的家鄉嗎？要我表態，我怎麼說？違背良心、學識、人格，違背崇敬的上師嗎？我的父母會怎麼說？他們比我全心全意向佛，更視上師如寶，更藏人。他們會被捕嗎？那在別的地方被捕的人和我們沒有關係嗎？他們受到呵斥、羞辱、監禁時，不是我們也正在受到呵斥、羞辱、監禁嗎？二〇〇八年奧運，有人雀躍歡呼，我禁不住擔心，鐵盒會更縮小，我們只會更沉默。或者，他就是要你爆發吧！」

說到年邁的尊者達賴喇嘛，Tenzin更是悲從中來：「父親有一次充滿信心地對我說：嘉瓦仁波切說過，我還會住很久，

到了八十歲，拿斧頭劈我的頭都沒事。可是，我什麼都沒做，看著時間消失。怕我們在最後一刻才醒悟，才開口，才行動，已經太遲……我們沒有爭取，哪來得到？我們是溫和的佛教徒，還是太過懦弱？今天下午，覺得自己真可恥。」

是的，看到海外的紛紛報導和中國的又一次指責，作爲一個藏人，我能體察得到那種被步步緊逼之後的決絕，就像一九五九年三月那個寒冷的多夜，兵臨城下，生死存亡，肩負宗教與民族責任的尊者達賴喇嘛，只有在黑夜中踏上流亡之路，才能保存和延續那珍貴的薪火。我的佛學老師是一位人到中年的仁波切，安詳地告訴我：傳統上，一些偉大的上師鑒於特殊的原因，在世時就有了轉世，這是佛的意圖，注定不該絕。而且生爲「朱古」，就有能力決定何時轉世，在哪轉世，讓我們祈願生生世世相隨依持！

但我是俗人，我的修行很不夠，我深切地渴望有親眼見到這一世根本上師的福報。我每天的祈禱，我們每天的祈禱，有時候是不是自己安慰自己的一種託辭，以爲真的會如綿延的雪山那樣長存？可是全球變暖，生態被毀，每座雪山都在漸漸融化了。眼看著七十二歲的尊者達賴喇嘛這麼奮力，我想對自己也想對每一個藏人說：我們沒有爭取，哪來得到？！

二○○七年十一月（唯色）

# 離開體制的自由

　　去年回拉薩過藏曆新年時，我去拜訪了一位老先生。他是一位藏語作家。多年來，我和他在一個單位——西藏自治區文聯共事，雖然不是同一個部門，但每週的政治學習、不定期的集體勞動等等，都會聚在一起。如今不同的是，他將要退休，而我已被逐出體制，成了一個自由寫作者。我們之間交誼深厚，提及我的現狀，老先生說，他願意為我重返單位去說情。

　　我知道所謂的單位意味著每月幾千元的薪水，意味著房子、各種保險和退休金，一句話，意味著令人羨慕的鐵飯碗。可是，也意味著若要保住這些好處，須得「瑟瑟其」——這是拉薩人最常說的口頭禪，意思是「千萬小心，注意安全，謹慎從事」。在「穩定高於一切」的拉薩，連普通飯館的牆上都寫著：「關好自己的門，管好自己的人，辦好自己的事」，何況任何一個企事業單位！

　　在西藏，除了僧侶階層這批傳統知識分子之外，大多數接

連飯館的牆上也寫著對體制內人員的「緊箍咒」。

受過教育的藏人基本上被囊括在體制內。多少年來，西藏的文化空間幾乎全被體制掌控，西藏自身的文化市場又非常狹小，因此西藏知識分子的各種表述是備受限制的。儘管中華人民共和國的憲法寫著允許言論自由、信仰自由等等，然而誰真敢自由地、真實地表達自己的意見和信念，眾所周知，不但不被允許，甚至會遭到懲治。這是專制社會的特點，也正是我們所屬的這個國家的特點。

身陷如此不自由的環境，人人心懷恐懼實乃十分普遍，所

以人人都對自己說「瑟瑟其」，也對別人說「瑟瑟其」，在一片警告聲中益發地依賴體制、順從體制，如同這個體制的寄生蟲。的確，強權者的大棒就懸掛在我們的頭頂，時刻可能劈頭蓋腦地砸下來，然而，因為恐懼，我們就不敢有任何作為嗎？因為恐懼，我們就只有保持沉默嗎？其實勇氣是需要自我提升的，而天賦人權是需要自己去爭取的。如果每個人都因為恐懼而放棄自己的權利，那只會使強權者的壓制益發肆無忌憚。

為了獲得自由表述的權利，我認為最好的方式就是擺脫體制的鉗制。一旦放棄了體制附加的眼前好處，儘管生存不如以前輕鬆，卻會獲得精神上的自由，而這恰是我今天的狀態。也許在包括好心的老先生在內的不少人眼中，失去了強悍體制的庇護，至少失去了每個月旱澇保收的薪水，個人生活顯得不穩定，可是對我而言，由此帶來的卻是精神的自由，而這比什麼都重要！為此，面對大半生不得不依附體制的老先生，我婉言謝絕了他的好意。當然我們之間的區別，只是因為我比他年輕，經得起面對體制外生存的艱辛。

二○○七年九月（唯色）

# 「天杵」拒絕伴唱

　　在中國，要問一般漢人對少數民族有什麼印象，回答大概就是「唱歌跳舞」。政權把少數民族當花瓶，用他們的多彩服裝點綴會場，讓他們唱歌跳舞粉飾太平；市場則把少數民族當調料，在從南到北的餐廳給進餐者唱歌跳舞，往臺下扔荷包，或者站在遊客身邊做照相道具。

　　我在國外大商場看到過頗有象徵意味的一景：玻璃大廳中有個二層樓高的禮品籃，盛滿華麗的商品模型。上方有一支印第安人樂隊身穿傳統服裝，頭插羽毛，光腳踝上的金屬套環隨著舞蹈作響，對著禮品籃演唱，周圍則擁擠著購物的人流。這是一種典型寫照──民族文化只是爲主流文化伴唱的角色。

　　但是，新一代藏人正在改變這種形象。拉薩有一支藏人青年組成的「天杵」搖滾樂隊，他們對目前流行的藏族歌曲表示厭惡，那些歌裏全是藍天、白雲、札西德勒、香巴拉並不遙遠……因爲沒有別的歌可唱，連西藏監獄的犯人唱的都是「讓

有個性的「天杵」樂隊深受藏人歡迎。

我們歡聚在一起」、「希望還有這樣的好時光」。「天杵」拒絕唯美、自戀和美化現實，拒絕把西藏描繪成淨土，他們在舞臺上對觀眾高喊：要看草原就來吧，我們的草原已經沙化了！他們的歌曲批判麻木的同胞：「人云亦云，隨波逐流，你把腦袋交給了誰？你沒看見那麼多人需要你的幫助嗎？你沒看見這世界需要你做點什麼嗎？」他們的歌諷刺人的欲望：「五官被金錢蒙蔽，看不見人應擁有的寬容，看不見應有的愛……」「美麗的仁增旺姆，我情不自禁的愛上你，可你愛的是珠寶和瑪瑙，囊中羞澀的我該怎麼辦？」他們還模擬藏羚羊這樣指

控：「藍天下可愛的生物們蓬勃生息，可是一個叫『人類』的動物來了，他在殘殺那些可憐的生命，貪婪的雙手給這個世界帶來了血腥！」

「天杵」的歌手們並不期望自己能改變世界，但知道喜歡他們歌曲的孩子回家反對父母做獸皮衣服，他們會感到欣慰。他們這樣說，讓樂隊凝聚在一起的是對佛的共同信仰，信仰佛的體現是慈悲，哪怕有一個人因為他們的歌多一些慈悲之心，他們也會滿意。

在我來看，「天杵」的出現還有一重意義，就是體現了藏民族覺醒的自主意識，不當花瓶，而是要獨立地思考、批判和反省。只有具備自主的民族，才會是有生命力的民族。

二〇〇六年四月（王力雄）

# 發生和發聲中的西藏新藝術

　　西藏有當代藝術嗎？五月二十六日，在北京聚集了眾多當代藝術畫廊的七九八藝術區，甚至連著名藝術評論家、有「中國當代藝術教父」之稱的栗憲庭先生，面對七位藏人畫家的作品也驚訝了。他後來在跟畫家們會面時由衷地說：「原以為西藏還沒有當代藝術，看了這個畫展，第一個感覺就是：有了！西藏人已經有了自己的當代藝術！」

　　除了一位英籍藏人畫家，其他幾位畫家來自拉薩本土、一個名為「更敦群培」的藝術家群體。炎熱的內陸氣候雖然讓高原上的藏人不太適應，但他們非常珍視第一次在北京舉辦以當代藝術為主題的畫展。他們把這次畫展命名為「發生發聲」，表達了他們渴望用藝術來記錄和揭示當今西藏的狀態、渴望用藝術來發出當今西藏人的聲音。因為他們本身就是生活在二十一世紀的西藏人，在這個極為動盪的時代，以全球化和漢化為主的多樣性從未如此複雜地交織在一起，衝擊著早已失去了在自我封閉中保持寧靜的雪域高原。

藏人創造的當代西藏藝術。

　　長期以來，外界對西藏藝術的印象，一種是西藏的唐卡繪
畫、寺院壁畫和各種佛像造像等等，屬於西藏傳統文化中極其
燦爛和輝煌的傳統藝術，已為舉世公認；另一種則是這幾十年
來，眾多外來的藝術家所描繪的他們認為的西藏，不是具有意
識形態含義的政治宣傳品，就是甜得發膩、美得虛假的人間淨
土。遺憾的是，這種對西藏的誤讀，也影響了一批企圖擺脫傳
統形式的西藏本土畫家，使得他們的作品沒有自己的聲音。

當西藏本土畫家開始以「發生發聲」為宗旨，西藏的當代藝術終於出現在拉薩，也出現在紐約和北京，從此有了屬於自己的獨特聲音。西藏近代偉大的人文主義者更敦群培的叛逆精神，鼓舞著西藏年輕的藝術家們，西藏的當代藝術正在令人期待地發生當中。不過，對於探索和創新中的藝術家來說，並非與傳統告別就是當代藝術的標準。栗憲庭先生的這段話無疑值得深思：「當代不僅僅是一種形式，更重要的是觀念。一方面，古老的西藏離當代可能有遙遠的距離，另一方面，在西藏的傳統中也不乏當代的觀念。比如藏傳佛教中的沙壇城，無論從形式、行為還是觀念上都非常當代，超過很多最前衛的藝術。」

　　畫家貢嘎嘉措的行為藝術《我的身分》原本由四幅照片組成，是由畫家本人模擬四個不同的歷史境況下的畫家形象。從他的不同裝束，以及他所畫的佛像、毛澤東像、達賴喇嘛像和抽象的壇城畫，展示了一代西藏人的命運軌跡。而在北京的畫展上，卻少了畫家畫達賴喇嘛像的照片，原因可想而知。於是在原本應該懸掛那幅照片的牆上留下了空白。這一缺位和空白，在我的眼裏，恰如這個行為藝術的延伸，更真切地揭示了當代西藏的狀態。

二○○七年六月（唯色）

# 過藏曆新年：
# 這是一種民族身分的象徵

　　幾天前收到一個手機短信，意味深長，值得記錄。短信說：「讓我們行動起來，放棄農曆春節，重溫藏曆新年。為了給雪域子孫有個交代，從你我做起，從小事做起！」

　　這個短信讓我想起我曾有很多個新年是在藏東康地度過的。在我的記憶中，那些新年沒有一個是藏曆新年，都是農曆春節。周圍的藏人們似乎習以為常，從除夕到十五，放鞭炮、吃團圓飯、領壓歲錢、相互拜年、輪流安排聚餐等等，但這樣的新年不是藏曆新年。

　　這個短信也讓我想起兩年前，當時我在藏人文化網的博客還沒被關閉，鑒於安多和康等藏地，長期以來把農曆春節當作藏人辭舊迎新的節日來過，我在博客上發起有關年節錯位的討論。參與者眾多，各抒己見，最終達成的共識是，雖然過節的氛圍是藏化的，但是錯位的年節還是應該逐漸復位。

事實上，各藏地的一些有識之士早已在為此努力，並且已有成效，如青海、四川等藏地開始給藏曆新年放假，當地藏人民眾開始恢復藏曆新年。但畢竟漢化的趨勢是強悍的，多年形成的習慣一時難以消除，許多藏人還是會過春節，所以這個短信的出現是必然的。也許會被認為褊狹甚至沒必要，然而這不只是恢復錯位年節而已，這其實彰顯的是一種民族的身分。

　　對於現代人來說，慶祝節日的象徵意義遠遠大於實用意義。對於喪失自主權的被殖民者來說，被剝奪、被改變、被同化，會體現在每一個具體的細節上，比如年節的錯位就是十分明顯的例證，而這樣的細節隨著歲月流逝，結果將不容樂觀。對於廣大藏人來說，屬於我們的傳統節日絕不是可以被替代的，因為這些節日是包括多衛康等藏地的所有藏人，用來維繫、證明、表現自己和彼此的民族身分。

　　我們不應該變得跟漢人或者其他人一樣，雖然今天這個世界正在變成「全球化」的地球村，但要想擁有一席之地，在多元化的群落中爭取自己的權益，表達自己的聲音，展示自己的風采，必須堅守原本就扎根在自己的文化和傳統的土壤上的每一樣事物，使其不致在排山倒海的衝擊下被席捲而去。而這一點，即使在不能擺脫中國統治的情況下，即使在遠離西藏、流亡他鄉的日子裏，每一個藏人也完全可以做到。

從二○○六年洛薩（藏曆新年）起，藏人不再穿豹皮虎衣。

居住在華盛頓的友人告訴我，每當藏曆新年來臨，周圍的藏人們都會按照傳統的西藏習俗度過新年，培育青稞苗、做青稞酒、炸「卡賽」和「桑岡帕勒」、準備「竹素切瑪」和「魯過」……而這一切，過去她在拉薩的家裏並不擅長，那都是屬於長輩的家務，但如今她和周圍的並不年長的藏人們個個都會。藏曆新年期間，他們挨家聚會，品嘗著衛藏、安多和康的飲食，吟唱著衛藏、安多和康的歌曲，交談著衛藏、安多和康的方言……在「洛薩」（新年）的日子裏，就這樣度過了充滿西藏味道的「洛薩」。

二○○八年一月（唯色）

# 對比深夜的「太陽島」和帕廓

在拉薩的一天深夜，我先去轉「太陽島」——也就是藏人所稱的「古瑪林卡」。那裏燈紅酒綠，吃喝嫖賭毒樣樣俱全，充斥著墮落、喧囂和骯髒，人不會有任何身在西藏的感覺。隨後我又去了帕廓街，那裏只有路燈的光線，煨桑的餘香，夜深人靜，卻仍然有人在大昭寺門前祈禱，還有人在黑暗中沿著帕廓磕長頭。和太陽島對比，反差特別強烈。

雖然我常對西藏狀況感到悲觀，但每次到帕廓時又會生出另一種感受。圍著帕廓轉經的人如同河流一樣綿延不絕。進入大昭寺，朝拜釋迦牟尼佛像的人排著長隊。那場面如油畫一樣：金色的佛像，酥油燈的火焰，絳紅色的袈裟，朝拜者佩戴的法器和珠寶，凝重而絢爛，讓人感動世間還有這等對神聖的追求。

當我看到鄉下婦女舉著剛出生的嬰兒去觸碰佛像；貧窮的老人虔誠地供奉又髒又破的一角錢；而高大的漢子像孩子一樣

深夜的大昭寺。

跪拜……他們的朝佛不是儀式，而是日常生活的組成部分，發自內心。朝佛者形形色色，角色不同，不管是老年少年、男人女人、僧人俗人、城市人農村人、單位職工或普通居民，還是穿現代服裝或傳統服裝，穿手工藏靴、耐吉旅遊鞋或皮鞋，他們在大昭寺中都是一樣的，都只有信徒的身分，都堅信自己的命運和所信仰的宗教聯繫在一起。換句話說，在那裏，所有人失去了差別，變為一體——就是藏民族。

雖然有很多手拿旅遊手冊的外國人混雜在朝佛者當中，還有導遊帶領成群的漢地遊客，但是朝拜者跟那些人沒有關係。遊客與他們近在咫尺，卻是兩個世界，彼此沒有關聯。藏人是自己世界的主體，不在意旅遊者的存在，也不受影響，該幹什麼幹什麼。

這使我感慨，如果所有的旅遊都是這種狀態該多好，既可以帶來旅遊收入，又不會影響當地的生活形態，不破壞本土的文化傳統。當然，大昭寺的朝佛者之所以能做到這一點，關鍵在於宗教。如果沒有宗教，只有經濟，當地人和旅遊者之間就不可能保持「間離」關係，而是會發生「一體化」的互動。結果當地文化必定會被經濟強勢的外來者破壞。因此，保護西藏傳統文化，離不開西藏的宗教。

二〇〇六年五月（王力雄）

# 宗教與直升機

　　一位藏區的公安局長認爲搞好藏區治安，最有效的解決辦法是配備警用直升機，因爲只有直升機能在地廣人稀的藏區迅速抵達案發現場。不過能在平均海拔四千米以上的青藏高原使用的直升機，中國目前不能生產，而進口價格一架近億元人民幣，是藏區一個州本地年財政收入的幾倍到幾十倍，昂貴的運行和維護費用還不在考慮之內。

　　多年來中國當局批評宗教無用、僧侶是寄生蟲，正是忽略了這方面的計算。即使只從社會學的角度，如果宗教能讓人不犯罪，一個社會爲此可以少支付多少成本，是可以換算出金錢數額的。僅從這個角度，也不能把宗教視爲無用。

　　無論是對生態平衡，還是社會穩定，起到最大破壞作用的都是人心的貪欲。個人一旦貪婪就會墮落，人類一旦貪婪，自然和社會就會走向毀滅。無論是偷盜、搶劫、捕獵、毀壞自然，哪一個不是出於人的內心之貪？而恰恰對這個內心之貪，

直升機看得住人心嗎？（尼瑪次仁　攝）

再嚴密的法律，再強大的警察，再昂貴的直升機也是看不住的。

中國現在有數百萬警察，各地還有數不清的聯防、保安、民兵等作爲輔助力量，然而犯罪仍在不斷增長，常要把大量財富投入與犯罪進行的鬥爭。如果人們只是因爲對外在警察和法律的懼怕才不敢犯罪，那麼只要在法律看不見的地方，不就可以爲所欲爲嗎？警察再多，又怎麼看得住比他們多千百倍的百姓，以及如何顧及到藏區那樣廣闊的地域呢？

宗教卻不需要政府投資，也不需要政府組織，只要政府不進行壓制，給宗教眞正的自由，宗教就會自動去做上述工作。從投資的角度，簡直是無本萬利。而今日中國當局卻採取相反做法，一方面動用大量資源壓制藏區本土宗教，一方面以「援藏」方式，從內地調動資源去滿足藏人日益增長的物質需求。這將形成一個循環，宗教越衰落，人的物欲越強，而犯罪的現象也會更加普遍。

一個社會的警察沒有了，可以在很短時間重新建立；一個人的「心中警察」沒有了，重建時間要長得多；而一個民族喪失了「心中警察」——即宗教和道德的體系，沒有幾代人的時間是不可能再現的。

二○○六年十二月（王力雄）

# 藏人還剩下什麼？

在藏區旅行，多次看到因為說起達賴喇嘛而落淚的藏人。達賴喇嘛被藏人視為精神寄託，因此他的無法回歸故土常常引起藏人傷感。一位加拿大的藏人後裔卡桑·多瑪（Kalsang Dolma），利用在藏區旅行的機會，把達賴喇嘛講話的錄影播放給不同的藏人，同時用攝像機拍下觀眾反應——多數人也是在落淚。卡桑·多瑪的攝像最後被編成了影片，片名叫《我們還剩下什麼》。

這片名有意無意地點出了一個問題，就像一位藏人對我所說——「達賴喇嘛如果不在了，藏人就什麼都沒有了！」這話既道出了達賴喇嘛在藏人心目中的分量，也在一定程度上表達了一個事實，而這個事實卻有些令人擔心。

當藏人看到達賴喇嘛在西方民意調查中的威望壓倒教皇，會為此感到自豪，可是否該同時想一想，除了達賴喇嘛，還有哪個藏人能給世界留下深刻印象？既然達賴喇嘛的肉身不能永

磕著等身長頭去心中的聖地——拉薩。

存，會不會有一天真的出現這樣的結果——「達賴喇嘛如果不在了，藏人就什麼都沒有了！」

　　藏人藝術家Loten Namling很早就已經思考這個問題。在他創作的漫畫中，達賴喇嘛一個人在泥濘路上艱難拉車，藏人們

卻跪在車上或路旁祈禱。漫畫屬於誇張的藝術，可是在我接觸到的境內藏人中，認為自己應該分擔西藏命運的的確很少。多數人的希望和依靠，全都寄託給千里之外的達賴喇嘛。

有人說，也許是西藏佛教中業和緣的觀念太強，導致了藏人缺乏主動的進取，容易陷入對因果的無為等待。但是更瞭解佛教的人說，主動性本身就是業和緣的必要構成，因此因果不能被當作無為的理由。一個民族的前途取決於全體民族成員行為的綜合。再偉大的領袖，沒有人民跟進，也只會停留在虛幻偶像的境地，無法改變民族的命運。

希望藏民族在達賴喇嘛的光環之外，還能產生更多肩負歷史使命的領袖；也希望西藏的各行各業都湧現讓世界刮目的優秀人物；當然最重要的是，西藏人民能把虔誠熱切的祈禱，轉化成推動歷史之車的動力——只有那時，西藏的前途才會被藏人自己把握。達賴喇嘛也可以從此放心，離開他的西藏仍然擁有一切，並且把他的事業繼承下去。

二○○七年九月（王力雄）

# 教育不應是文明的取代

　　我有一位熱中西藏文化的漢族朋友，去康區鄉下辦了一個學校，在那待了大半年。因爲條件太艱苦，學校難以繼續辦下去。她現在換了一種辦學方法，選了十多個孩子從鄉下帶出來，送進了甘孜州首府康定城裏的學校，靠自己和徵集的募捐來供養他們。

　　我很尊敬她，但是和她有一點小小的爭論，我問她進行教育的目的是什麼？如果是希望那些孩子爲生養他們的民族和土地服務，把他們送進城的方式是不會達到目的的。那些孩子在城裏接受教育後，將不會再回家鄉，而是要千方百計留在城市。或者一時回家，心也在外面，有機會就會離開。他們將因爲城市教育變成和家鄉父老不一樣的人。她把他們帶進城的時候，也就同時拔掉了他們鄉土的根。

　　當然，教育的目的不一定都是「爲人民服務」，也可以只爲那些孩子自身，讓他們從此可以脫離艱苦牧區，變成城裏

曾在遙遠神山崗仁布欽的腳下遇見這些孩子。

人。如果爲的是這個目的，那也存在一種風險──孩子最終會不會被城市接納？成功自然是好事，怕的就是不成功，孩子從此被置於一個上不去也下不來的位置，人生變得充滿問題和苦惱。那樣的結果，將是讓家鄉失去了孩子，讓孩子也失去了幸福。

很多農牧民之所以不願意孩子上學，不能被簡單地視爲愚昧落後。如果上了學能留在城裏工作，變成城裏人，父母們當然願意。但現在的狀況是，上完學，孩子往往不能找到城裏

的工作，回到家裏，種田放牧的活也不會幹了。男孩成了二流子，女孩只會打扮，用老鄉的話形容——「連擠奶都找不到奶牛的乳頭」。

我對朋友說，去藏區搞教育，不能自認為只有我們是文明的掌握者，當地人是被教化的對象，要去改變他們的生活。當地人之所以那樣生活，正是文明發展的一種結果。那種文明和我們的文明沒有高低之分，只有路徑不同。你認為的幸福，不一定是藏族孩子能得到和能享受的幸福，硬要把你認為的幸福賜給他們，結果可能適得其反。那些孩子需要的教育，應該是建立在本土的生產方式與生活方式基礎上的教育，而不是用另一種文明去取代。

二○○五年九月（王力雄）

# 當今西藏婦女現象

　　生活在自己土地上的西藏女性，被剝奪的權利要比西藏男性更多。一方面是因身為藏人，在外來殖民勢力的統治下，公民權利遭受剝奪；一方面是因身為女性，在藏人社會固有的傳統中，往往遭到壓制。不過就後者而言，由於各地各具特色的歷史和文化，其情形也各有差異，比如拉薩婦女在家庭中的地位，就要比康和安多的婦女高得多；農區和牧區的婦女也有不同。

　　如今，越來越多的西藏女性開始擁有作為藏人和女性的自我意識。一個值得關注的現象是，在安多而不是在首府拉薩，最先出現有意識地爭取和要求婦女權益的藏人女性。著名歌手、作家加羊吉在今年出版用母語寫作的著作《愛與痛的隨想》，被評價為是第一本以女性主義的角度批判西藏社會的書。她認為，在藏人自己的社會裏，以遵循傳統為名有諸多的不公正，使婦女們深受其苦；如果不加以改善和解決，又如何為民族的平等與正義而奮鬥？因此，西藏女性需要發出她們的

聲音。

事實上，康和安多的婦女總是有著更爲堅強的韌性和令人驚訝的犧牲精神，這在今年三月的抗暴事件中尤其突出，組成了長長的、閃耀著女性特有風采的悲壯隊伍。其中，我們已經知道曾被拘押的除了加羊吉，還有民間歌手卓瑪姬，而在某單位任職的龍眞旺姆最近被判刑五年。她們都是因言獲罪。另外，還有許許多多的阿尼和鄉村婦女，如在甘孜縣，五月十一日至五月十四日，就有近八十名阿尼上街遊行，遭到軍警毆打和拘捕；在爐霍縣，六月八日，有三百多名阿尼進城遊行，結果有三十多名阿尼被軍警打成殘疾；甘孜縣的一位村婦巴桑卓瑪，在獨自抗議之前留下遺言，表達不惜一死而求西藏自由的心願。

而且，殖民所造成的經濟上受益不平等，原住民被邊緣化，以至於開始出現從未有過的社會問題。比如藏區婦女的外流現象，其主要原因就是爲了躲避貧窮，而跟隨在西藏打工的外地人遠嫁，甚至被拐賣到外地。另外，性產業遍及藏地城鄉，當局不加以切實管制的賣淫群體中，大多數來自中國內地，也有不少是藏人。拉薩的朋友曾帶我去訪問過一個非常低級的小酒館，兩個從墨脫鄉村來的女孩子，天天向顧客推銷並陪喝啤酒，顧客每喝一瓶啤酒可從中分利一元，她倆爲此也拚命地喝，常常喝醉之後又陪睡。因爲過著這樣的生活，她倆完

開了一家撞球店的果洛婦女。

全失去了正常女性的體型，但家人卻以為她們在拉薩有了掙錢的工作。

我們還要注意到的是，與道德下滑的社會風氣有關，一些女性因貪圖享受而自甘墮落。最近聽說，在拉薩死了一個因染愛滋而不治的年輕女性，她是日喀則人，在拉薩某單位工作，性生活混亂。而她的丈夫也被查出染有愛滋。據悉目前許多愛滋患者是在機關單位當中。應該說，如她這樣的城市女性，會有一定的愛滋方面的知識，但不幸的是，無知者其實相當眾多。如今，雖然愛滋病在藏地並非新鮮事，但整個社會還是處在「愛滋盲」的狀態。當局可以花時間、分步驟，用大量的人力物力，在城鄉開展各種細緻入微的「反分裂」運動，卻在普及愛滋病知識、預防愛滋病傳播等方面非常敷衍了事，作為政府，顯然瀆職。

二〇〇八年十二月（唯色）

# 西藏旅遊的另一種模式

　　單純從西藏傳統文化資源中開發旅遊業，結果將會毀壞傳統文化。因爲目前的旅遊業歸根結蒂是商業行爲，要遵循「顧客至上」的原則，而只要把遊客當作主體，一切圍繞著滿足遊客的需要來調整自己，久而久之就會喪失自己。

　　要避免這樣的結果，就得反過來，堅持自己的主體地位，讓外來者自行順應和調整。那麼，西藏可以靠什麼在當前的全球化大潮中保持自身主體地位呢？——在我看就是西藏的宗教。

　　佛教在西藏保持相對完好，又因爲達賴喇嘛等各教派領袖流亡海外，得以延續傳承，因此西藏有成爲世界佛教中心的基礎。讓我們設想一下，如果西藏接待的不是作爲消費動物的遊客，而是來自世界各地、希望能從西藏宗教和傳統文化中得到人生指導、靈魂淨化和心靈安寧的朝拜者，會是一種什麼情景？

漢地僧人朝拜西藏寺院。

　　那時，到西藏的外來客人仍會絡繹不絕，但卻不是爲了尋歡作樂或獵奇，而是帶著虔誠之心，保持對當地文化的尊重，前來學習和體驗。他們不是以商業旅行團的方式成群結隊湧入旅遊景點，製造垃圾和破壞環境，而是會均勻分散地融入西藏

各處的自然環境和民眾中，心懷敬畏，善待當地的自然生態和文化傳統。

　　我把這樣的旅遊稱爲「靈修旅遊」。這種旅遊模式不需要大的投資，卻同樣能給當地帶來經濟收入。今日物質主義世界的人類廣泛患有精神疾病。可以醫治精神疾病的佛教中心，也就會有廣泛的市場需求。那除了能給西藏帶來傳統旅遊業的食住行等收入，「靈修」模式還會形成眾多文化產品市場，加上「靈修者」供養給西藏宗教的善款，以及給當地各項事業的捐助，從總量上收入不會比商業旅遊低，卻會比商業旅遊遠爲持久。

　　發展「靈修旅遊」的關鍵不是在硬體，而是在形成概念，樹立形象和建立模式的軟體方面。前提是西藏必須放棄對現代化的盲目追求，保持自身文化，免受物質主義的腐蝕。博大精深的藏文化應該讓藏人有這種自信——只要堅守自己的文化傳統，最終會讓外來者折服。這除了是對旅遊模式的一種探索，更是藏民族今天面對外來人口大量湧入時，保護自身文化的一種途徑。

二〇〇六年十二月（王力雄）

# VII 八年前的預言，來年還將重演

# 三月十四日之前發生了什麼？

　　今年的三月十四日已經有了另一個名字：「三・一四事件」。對於全藏地來說，從此又多了一個敏感的日子。中國中央電視臺就這一事件製作的專題片在反覆播放，用一種很意外、很氣憤的語氣，一開頭就從這天說起，給外界製造的印象是，近日來，西藏各地所發生的震驚世界的系列事件始於這天。換句話說，中國正在給世界講的故事是：三月十四日，少數西藏人突然發瘋了。

　　就在三月十四日之前，西藏的中共官員還在北京的「兩會」上宣稱：「現在是西藏歷史上最好的時候」。但也就在三月十四日之前，拉薩接連發生了上千僧侶和平請願卻被當局派遣的軍警阻攔並圍困寺院的事件。這是從三月十日開始的。這也是西藏歷史上最悲壯的紀念日，四九年前，無數藏人起來反抗占領西藏的中共，被武力鎮壓，隨後尊者達賴喇嘛與數萬藏人背井離鄉，流亡他國。三月十日因此是藏人刻骨銘心的日子，也是中共如臨大敵的日子。每年的三月十日都有藏人被

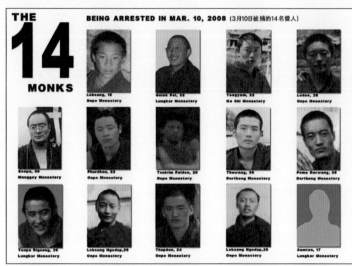

**THE 14 MONKS** — BEING ARRESTED IN MAR. 10, 2008 (3月10日被捕的14名僧人)

Lobsang, 18 — Onpo Monastery
Gelek Pel, 32 — Lungkar Monastery
Tsegyam, 22 — Ka Shi Monastery
Lodoe, 28 — Onpo Monastery

Soepa, 30 — Manggey Monastery
Phurdhen, 22 — Onpo Monastery
Tsutrim Palden, 20 — Onpo Monastery
Thuwang, 30 — Darthang Monastery
Pema Garwang, 38 — Darthang Monastery

Tenpa Rigsang, 26 — Lungkar Monastery
Lobsang Ngodup, 29 — Onpo Monastery
Thupden, 24 — Onpo Monastery
Lobsang Ngodup, 29 — Onpo Monastery
Samten, 17 — Lungkar Monastery

二〇〇八年三月十日，在大昭寺周圍因舉行和平抗議而被捕的十四名色拉寺僧人。
（佚名 攝）

抓、被打，投入監牢。很多人獲罪的原因不過是用聲音喊出了
內心的願望。

　　所謂的「三・一四事件」絕非突然爆發。根據從各處彙集
的真實消息，我在我的博客上，就西藏各地於三月十日之後發
生的大事做了簡短的記錄，如：

　　三月十日，拉薩哲蚌寺五百名僧人和平請願，被當局軍警
毆打、使用催淚彈等，有數十名僧人被抓；並且將寺院圍困至
今，停止供水、關閉周邊飯館，使得寺院僧眾生活陷入困境；
大昭寺周圍有十四名色拉寺僧人舉雪山獅子旗抗議，被當局警
察毆打、逮捕，許多藏人目睹慘景，哀求警察住手，有藏人為
此也被逮捕。三月十一日，拉薩色拉寺六百僧人和平請願，被

當局軍警毆打、使用催淚彈等，有僧人被抓；並且將寺院圍困至今，停止供水、關閉周邊飯館，使得寺院僧眾生活陷入困境。色拉寺周邊許多民眾趕至寺院，哀求武警勿要虐待僧眾。三月十二日，拉薩哲蚌寺兩位僧人割腕，色拉寺僧人絕食抗議。三月十三日，拉薩甘丹寺數百僧人、曲桑寺一百五十多名尼眾欲赴拉薩市和平請願，被當局軍警圍困至今；拉薩著名的三大寺等寺院被當局關閉。三月十四日上午，拉薩小昭寺近百僧人遊行抗議連日來對哲蚌、色拉等寺院的鎮壓，被當局警察阻攔和毆打……

所以，必須要從三月十日說起，甚至必須要從每年的三月十日說起。而中國官方媒體絕口不提三月十日之後發生的事情；更絕口不提當局出動全副武裝的軍警對手無寸鐵的僧侶們做了什麼。僧侶是佛教中至高無上的佛法僧三寶之一，藏人從來都待僧侶尊敬有加。然而，中共不但在歷來的宣傳上污蔑僧侶是「寄生蟲」，強令僧侶與精神領袖達賴喇嘛劃清界線；當西藏的僧侶們像緬甸的僧侶們那樣和平地走出寺院，和平地發出訴求，和平地靜坐地上，遭到的卻是毆打、逮捕和圍困。當西藏民眾目睹發生在自己眼前的暴行，當然會引發憤怒和積怨，爆發如今已是舉世皆知的大抗議。這便是「三·一四事件」的來龍去脈，容我簡單講述，為我藏人申訴。

二○○八年三月（唯色）

# 我爲何對瑪曲發生的
# 「打砸搶燒」不驚訝

　　在中國電視臺反覆播放拉薩街頭打砸搶燒的鏡頭時，其他藏區也開始出現類似狀況。我看到從甘南藏區發來的一條訊息——「瑪曲縣發生了規模空前的抗議活動，所有外族商鋪被砸毀，十六輛汽車被燒毀，昨晚開始，政府採取戒嚴行動，整個瑪曲就像一座廢墟」，我人雖不在現場，卻可以想像那裏的激烈場面。不過我一點也不感到驚訝。

　　我去過瑪曲縣三次，第一次是一九八四年乘筏漂流黃河時，我在瑪曲住了一個多星期。那時的瑪曲藏族特色極爲濃厚，給我留下深刻印象。第二次是二〇〇一年，當時的瑪曲縣城大興建築，到處施工，道路挖開，一片混亂；第三次是二〇〇七年，瑪曲縣城完全變了樣，幾乎不剩藏族痕跡，給人的感覺是在那草原上憑空而降了一個內地城市。縣城裏藏人成了少數，滿街都是內地人的店鋪，經營者幾乎都是外來人。

　　這種移民和漢化過程，蘊含著今天爆發衝突的根源。如果

瑪曲縣城街頭。

沒有大量的外來移民，民族之間的爭議多數只停留在形而上層
次，主要被官方、上層和民族精英所關注，與普通百姓關係不
大。然而移民帶來的衝擊卻會把矛盾擺到每個普通百姓眼前，
充滿他們日常生活的每個細節中，因此一定會激發底層民眾的
民族情緒。

　　中國當局利用市場經濟推動世俗化，希望以此消解西藏的
民族問題，但結果若是藏民族在自己家鄉被排擠到邊緣，在市
場經濟中節節敗退，發展帶來的好處大部分被外來人據有，陷

入重重困境和挫折中，民族矛盾就會比以前更爲嚴重。一旦有機會，就會變成針對外來異族發洩怨氣的民族衝突。

目前，當局的宣傳把藏地動亂歸結爲藏族針對漢族等外來民族的打砸搶燒，這其實只是問題的表象，本質是從殖民主義根上結出的果實。如果不去消除造成這種結果的根源，加強對當地民族文化傳統的尊重和保護，這種宣傳就等於是在進一步挑動民族矛盾，爲將來更大的民族衝突埋下仇恨。

比較一九八〇年代末的西藏動亂，今天已經發生深刻變化。當年的動亂幾乎只限於拉薩，說明民族矛盾集中在上層，而今天拉薩一動，藏區各地隨之跟進，連瑪曲這樣的縣城都發生打砸搶燒，說明了二十年來，西藏問題不但沒有得到解決，反而變得益發嚴重。

二〇〇八年三月十八日（王力雄）

# 八年前的預言，來年還將重演

　　八年前，王力雄在拉薩寫了〈達賴喇嘛是西藏問題的鑰匙〉一文。這篇文章後來傳播很廣，被翻譯成幾種文字。其中寫了一位藏人官員，從五〇年代初就是中共的熱情追隨者，在自家耕牛的角上紮起五星紅旗，每天召集家中傭人宣講革命，為此莊園裏的藏人送給他一個「加米」（漢人）的外號。這位官員告誡王力雄，如果認為眼前正處在高壓下的西藏，要比一九八〇年代末的「騷亂」時期穩定，那就錯了；當年表達抗議的主要是僧侶和一些受影響的青年，現在則是幹部、知識分子、國家職工都成了反對派，目前的穩定只在表面，一旦有一天控制不住，起來鬧事的人肯定要比八〇年代多得多。

　　今天再看二〇〇〇年時的那段預言，不禁有驚心動魄的感覺。捲進這次蔓延全藏地的大規模抗議事件的人果然比八〇年代多得多。不同的是，幹部、知識分子和國家職工仍然沒有太多的人出頭，普通市民和鄉下的農牧民卻是這次事件的主角。不管是幹部、知識分子或國家職工，還是普普通通的市民和農

二○○八年三月之後，瑪曲縣城已是軍警林立。

牧民，本來都是中國控制西藏所要依靠的力量，卻引發這麼普遍、這麼猛烈、這麼難以止息的民怨眾怒，恰是因為中共與民心背離的治藏政策所導致的結果，

　　王力雄寫的那位藏人官員是我的親戚。曾經有「加米」外號的他，後來卻被當局認為「民族情緒嚴重」受到批判和排擠。從「加米」到「民族情緒嚴重」，這麼兩極的戲劇性變化是怎麼發生的呢？可以肯定不是物質方面的原因。他生活不錯，房子寬大，設施現代，子女都屬當今拉薩的成功人士，可是每次談起政治方面的話題，他就表現得心情壓抑，情緒激烈。

他的轉變當然是積累的過程。但是我知道有一個轉捩點——那是在一九八九年拉薩戒嚴時，他上街忘記帶通行證，被拿著槍的軍隊士兵當作罪犯一樣，進行侮辱性的搜身和謾罵。受到那樣的對待，理由僅僅因為他是藏人，根本不管他是老共產黨員老幹部，這件事深深刺激了他，從此他認識到，無論自己如何追隨共產黨和這個政權，也會因為他是藏人而被當作異己者，不被信任。

今天的拉薩街頭，當年那充滿侮辱性的戲劇正在以同樣方式上演。友人告訴我，拉薩街頭軍警林立。漢人可以自由往來，藏人卻要在層層關卡前接受盤查，在自己的家鄉掏出身分證或戶口來證明自己。藏人聚居區受到圍困，全副武裝的漢人士兵闖進每棟房子檢查，毫不掩飾對藏人的憎恨。我的朋友親眼看到他們用鐵棍殘忍地毆打被逮捕的藏人，儘管那些藏人沒有任何反抗。那種毫無必要的毆打是為了威懾藏人嗎？的確，圍觀的藏人只敢用聽不見的聲音發出悲憫的祈禱。或者說，是士兵們在為受了驚嚇的漢人出氣？的確，圍觀的漢人們喊著「活該」拍手稱快。但這樣活生生的場面，難道不會讓親眼目睹的藏人們，內心發生像我那位親戚一樣的轉變，而且發出同樣的預言：在下一次爆發時，起來反抗的人肯定要比二〇〇八年多得多！

二〇〇八年三月二十日（唯色）

# 原來是寵物與人的關係

　　今年三月的「西藏事件」之後，最大的變化之一是藏漢兩個民族的關係，或者說，是藏民族在中國的地位問題。

　　可以說，藏人和以漢人為主體的中國人之間的關係，從來沒有像三月的「西藏事件」之後暴露得那麼清清楚楚。過去隔著一層面紗，不但看不清楚，還有一種霧裏看花分外美妙的效果。許多藏人還自鳴得意，覺得在中國的五十五個少數民族中，自己地位最高，最討漢人喜歡，尤其比維吾爾人獲得的好感多得多；藏人中的活佛啊僧人啊，頻繁地往來於藏地和漢地，廣納漢人弟子，並以充當漢人上師而自得。而中國人中多的是所謂的「西藏發燒友」，其中一些人還自稱「藏漂」，似乎不在藏地生活幾年，人生就毫無意義。二〇〇六年火車開進拉薩時，整個中國似乎都在為青藏高原而激動，幾乎人人都想登上布達拉宮。可以說，有很長一段時間，藏漢雙方，我指的是民間的藏漢雙方，彌漫著一種經不起真相的溫情脈脈。

藏地經常可以見到如此的「攝影暴力」。（尼瑪次仁　攝）

　　然而，三月的「西藏事件」之後，掀開了蒙住眞相的面紗。原來，許多藏人所滿足的，不過是五十五個少數民族裏比較得寵的地位。這其實是寵物的寵。是的，藏人在中國的地位不過是寵物的地位。而許多漢人在這之前對西藏的熱愛以及在這之後對西藏的厭憎，非常眞切地證明了，所謂的熱愛，不過是一種對寵物的熱愛。就像藏獒，青藏高原最聞名於世的動物，似乎很稀罕、很名貴，中國的那些大款或者附庸風雅之流都爭著花高價買來當成自家寵物，每天都要餵食很多肉。可是，有一天，藏獒突然發了脾氣，咬了這個原本不是主人的主

人，當即就會被氣憤地打死，中國的報紙上常有這類報導。而
這正是藏人和中國人的關係。這才是中國社會的民族之間眞正
的、根本上的關係。藏人如果安於當寵物，那好，漢人還會跟
藏人保持以前的那種溫情脈脈；而那些漢人還會繼續「熱愛」
西藏，就像願意給他喜歡的貓啊狗啊這些寵物吃喝。但人不是
寵物，寵物沒有自我意志，而人是有自我意志的。藏人不願做
寵物，因爲當寵物的下場是喪失自我，最終喪失西藏，因此，
藏人只要不安於當寵物，只要不甘於接受當寵物的命運，勇敢
地爲自己是人而且是藏人進行抗爭，這就會惹來麻煩。事實
上，已經惹來了麻煩，如被抓捕、被囚禁、被虐待，甚至被屠
殺，這是遭到國家政權的懲處，對於民間意義上的漢人來說，
許多漢人的那種變臉之快，也把眞相呈現出來了──眞相是，
藏人不能做人，一旦想做人，那只有被置於死地。

其實，維吾爾人早就是這個結果了。本質上，藏人和維吾
爾人一樣，在這個以漢人爲主體民族的國家，並沒能享有平等
的地位。這一事實是通過三月以來的「西藏事件」揭示的。這
對長久以來渾渾噩噩、滿足現狀的許多藏人是當頭棒喝，從另
一個角度來說，這個教訓非常寶貴。

二〇〇八年六月（唯色）

# 給藏人製造「恐怖分子」的證據

　　前不久，中國官方宣布，警方在四川阿壩縣格爾登寺查獲了一批武器彈藥，其中包括小口徑步槍十六支、各種火藥槍十四支、子彈四百九十八發、火藥四公斤、管制刀具三十三件。憑此作爲僧侶從事暴力活動的證據。最近又稱警方在甘肅甘南州的一些寺院查獲了一批槍枝彈藥。類似的所謂證據，看來會在藏地其他寺院繼續被警方找到。

　　稍微瞭解西藏寺院情況的人都應該知道，那些武器會從哪裏找到。西藏的每個寺院都有供奉護法神靈的殿堂，每個護法殿裏都會有一些武器，就掛在殿堂中心的柱子上。一部分古老的武器如弓箭，是很早以前傳下來的，具有威猛護法的象徵意義；一部分是原本以狩獵爲生的人和在「草場糾紛」的械鬥中使用過武器的人，出於信仰和懺悔，將槍枝彈藥送到護法神殿，爲的是表示從此不再殺生、不再動用暴力的意願，類似於發誓。這在藏地本屬常識，帶領軍警去寺院搜查的當地官員不會不知道，但爲了抹黑藏人的抗議行動，抹黑藏傳佛教的寺

二〇〇八年三月之後的瑪曲街頭。

院，給從未使用過武器彈藥的僧侶扣上「恐怖分子」的罪名，這些放在護法殿裏原本作為宗教感召與和平象徵的器物，竟然成了欲加之罪、何患無詞的證據。

記得二○○二年，當局給藏地康南的丹增德勒仁波切判刑的時候，公布了從他家裏搜出的炸藥，說他的房子裏設有密室，還說他藏有女人內褲和胸罩等。這些都作為他進行恐怖爆炸、搞祕密活動，並且不守戒律的證據。我見過丹增德勒仁波切，深知他是真正在民間實踐佛法的修行者，我不相信如此惡毒的說法，但畢竟搜查取證是有程序的，為此我兩次去丹增德勒仁波切被捕前居住的雅江縣，向當地藏人做了詳細的瞭解。

關於炸藥是這樣：雅江縣城地處狹窄山谷，幾乎沒有平地，任何建築幾乎都得先切掉山坡斜面，靠人工造出一塊平地，因此當地廣泛使用炸藥來完成這種工程。丹增德勒仁波切的房子蓋成不久，施工時用剩的炸藥還放在家裏，當地很多人家都有類似情況。說有密室更為荒謬，那是因為房屋倚山而建，山坡凹凸不平，房屋內部靠山的一面做成板牆之後，板牆和山的凹凸之間就會留下一些空間，結果被說成密室。至於婦女用品，是丹增德勒仁波切的寺院在縣城有個店面，原本租給一漢族商人經營百貨，其中就有短褲胸罩。後來生意不好，漢商放棄經營，用店裏的剩餘商品抵交虧欠寺院的房租。一些沒有用處的物品打包放在雜物堆中，結果被誣陷是仁波切淫亂的

證據。

　　構陷各種各樣「證據」的手段，其實對於當局來說是有傳統的。如一九五八年，安朵拉卜楞寺的貢唐倉仁波切被說成是安多藏區的「叛亂頭目」，證據是警方事先放置的手榴彈和發電報的機器等，為此入獄長達二十一年，後來有當年製造「證據」的藏人警察向貢唐倉仁波切痛哭流涕地表示後悔。又如一九五九年，尊者達賴喇嘛率部分官員和高僧流亡他國，之後中共舉辦「叛亂分子」的「罪行展覽」，其中有關尊者達賴喇嘛經師赤江仁波切的「罪行」，包括電影放映機、塑膠做的女人體等等，以示宗教人士腐化墮落，但事實上，那些東西屬於一些願意與中共合作的拉薩貴族。

　　　　　　　　　　　　　　　　　　　　二〇〇八年四月（唯色）

# 當僧侶成為對手

　　三‧一四拉薩街頭出現的暴力事件，很大程度是因為此前幾天連續出現軍警毆打和平抗議的僧侶引發的。那幾乎是一模一樣重複一九八七年拉薩事件發生的起因，讓人驚訝當局不汲取教訓的顢頇。

　　這和官方對僧侶的態度是有關的。在當局眼裏，僧侶是不勞而獲的寄生蟲，是達賴扎根西藏的基礎，是西藏獨立的土壤，是鬧事者和煽動者，是對政權的威脅，總之都是負面的。儘管表面還要維持「宗教自由」的形象，但深層對僧侶則是完全否定，甚至是蔑視和厭惡。因此一遇到僧侶的挑戰，就會條件反射式地做出粗暴舉動。

　　相反的，僧侶在藏人心目中卻有極高地位，既是藏傳佛教的三寶之一，又是藏文化的傳統知識分子，作為藏人精神世界的引導者和護佑者，受到藏人極大尊崇。因此藏人最不能容忍僧侶受虐待和羞辱。當局對僧侶的暴力行為會引發藏人騷亂，

二○○八年三月十四日的安朵拉卜楞（今甘肅省甘南州夏河縣），僧俗藏人走上街頭。
（佚名 攝）

幾乎是必然的。只有被權力的傲慢遮蔽雙眼，才看不到這種後果。

　　可當局並未反思，而是變本加厲。各地僧侶在這次事件中被當成主要打擊對象；眾多具有崇高地位的寺院遭到軍警侮辱性的搜查；除了參與抗議的僧侶大批被抓，還有很多僧侶被限制行動自由；一些寺院長期被關閉；外地戶口的僧侶被驅趕；並且強令所有寺院開展所謂「愛國主義教育」，逼迫僧侶們公

開譴責達賴喇嘛。很多僧侶為了躲避這種人人過關，離寺外出，有些寺院竟走得幾乎無人。

如果說在這次西藏事件發生前，僧侶中還有不少是不問政治、一心修法的，不滿只停留在政策層面，並未整體否定中國的統治，則這次事件使得西藏僧侶集體轉向對西藏前途的政治思考，贊成西藏獨立的比例大幅增加。西藏傳統民歌這樣形容僧侶：「立起是一支香，倒下還是一支香，抓我腦袋是一把頭髮，摸我屁股是一手破布。」說的是僧侶無家庭牽累，無後顧之憂，因此最無所畏懼，敢於反抗和挑戰。西藏之所以歷次事件總是僧侶打頭，這是重要原因。

中國當局把西藏僧侶整體地推到敵對位置，等於是給自己製造了最難擺平的對手。同時，以僧侶在西藏民眾心目中的地位，以僧侶在西藏民間的廣泛滲透，他們對中國統治的不滿和西藏獨立的訴求不會僅限於自身，而是一定對藏人民眾產生影響。

二〇〇八年十月（王力雄）

# 地震為大，但也要為人權呼籲

　　一位朋友的兒子在拉薩的監獄裏被關了四十多天後獲釋。他沒做過任何值得入獄的事情，只是三月十五日在大昭寺附近行走時被警察抓走，像他這樣毫無理由被抓走的人很多。我的朋友曾有多日不知兒子是死是活，全家人終日以淚洗面。等到遍體鱗傷的兒子出獄時，朋友年邁的母親因突發腦溢血已撒手人寰。

　　鑒於安全，我和朋友聯繫甚少，但昨天收到他的一封長信，顯然他實在忍不住有話要說。其中寫道：「地震了，死了那麼多人為之哀傷。這兩天，民政部門召開發布會說要對遇難者的遺體給予充分的尊重，中央電視臺也說要給死者最後的尊嚴。看到他們貌似人道的樣子，想起我兒子講述的在獄中被毆打致死的無辜藏人，像狗一樣抬出去處理，我就氣得想砸電視。電視上還說要對受災人群給予心理關懷，這當然沒錯，作為政府理應這麼對待自己的公民，但為何藏人得不到同樣的公民對待？這兩個多月來，許多像我兒子一樣無辜的藏人被莫名

二○○八年四川大地震期間，藏地還在大肆抓捕僧俗藏人。（佚名 攝）

抓走，被嚴刑拷問，境遇連豬狗都不如。而在這些無辜的藏人中，有小到十三歲還在上學的小孩，也有已過花甲之年的老大爺；有正值花季的少女，也有人到中年的婦女。長達幾十天裏，看守所和監獄輪換關押，卻根本不給親人任何音訊，最後釋放時還像是當局的恩賜，須得感激涕零。我兒子還算幸運，活著走出監獄，但他被關押的那間牢房，目前還有三十多人未能獲釋，但這些人中有的被毆打致殘，有的被逼瘋。

「如果苦難是天災，那只能接受，就像地震時誰也躲避不了；但這次西藏事件，追根究柢是當局製造了這個苦難，卻斥責藏人是『藏獨分子』，要打要殺似乎理直氣壯，這促使我重新思考藏人在中國的地位。另外，對於當局來說，事實上無論哪個民族，如果有人威脅到它的利益和執政基礎，那麼它就會

像惡魔往死裏整；如果一些災害能夠被它利用，拿來抬高它的威望，那麼它就會擺出一副菩薩相。說到底，人道的精神、人性的尊嚴，在它眼裏只是工具而已。我還相信，因為地震，當局用數萬條人命換來的是諸多危機（包括奧運危機）的減弱，本因諸多人權事件而抵制北京奧運的人們可能會放棄抵制。而且，若有人敢抵制，當局就會用高漲的民族主義情緒淹死他。我兒子說，在監獄裏有個故事，因為一個手銬銬著兩個人，假設A和B銬在一起，C和D銬在一起，當A和C出現矛盾打架時，B和D就會因手銬與打架的人銬在一起而被手銬把手劃傷。結果打架的是A和C，輸家卻成了B和D。現在，我們藏人成了不幸的B和D。

「看看中國的主流網站，把尊者達賴喇嘛訪問西方跟地震聯繫在一起，說什麼沒有誠心弔唁受災民眾等等，地震已被當成武器來詆毀尊者達賴喇嘛。而在藏地，當局依然嚴酷地壓制藏人，使藏人的生存空間益發縮小，以致藏人們不得不揭竿而起，用生命的代價進行前仆後繼的抗爭。最近在甘孜縣有許多僧尼上街遊行，卻被一些中國人大罵地震還抗議。固然地震為大，但還是要為人權呼籲，對死者行人道、為生者爭人權，難道有錯嗎？作為一個含冤入獄藏人的父親，我祈求更多的人勇於為全藏地的人權狀況而呼籲。」

二〇〇八年五月二十二日（唯色）

# 走過囚牢般的藏地

在「三‧一四」過去三個月之後，我們駕車踏上去藏地的路。除了西藏自治區沒去，其他四個藏區如雲南省迪慶州、四川省甘孜州和阿壩州、青海省果洛州、甘肅省甘南州等的一些地方，皆都經過。這些傳統上稱爲康和安多的藏地，在這些年我基本上都走過。因此，記憶與現實對照，分外怵目驚心。

如今走在各藏地，見到最多的不是穿絳紅袈裟的僧人，也不是環繞寺院轉經的信眾，而是許許多多嚴陣以待的軍人。可以說，整個藏地全都兵臨城下。他們手握鋼槍，頭戴面罩，雖然穿著武警服裝，但有些軍人卻沒有軍銜，應該是解放軍僞裝。他們或站在政府門前的崗哨裏，或站在堆放沙袋的各個關卡上，或藏在一些旅館、兵站、單位中，一些重要的寺院如阿壩縣的著名大寺格爾登寺，被大量軍警包圍得水泄不通，僧人們須得憑有個人照片的「出入證」才能進出寺院。我無法知道武警的數量，但親眼看見從寺院旁邊的派出所走出兩個全副武裝的縱隊去街上巡邏，每個縱隊約二十多人。除此，僅我目力

臺灣籍美國人Wen-Yan King二〇〇八年七月三十一日在理塘（今四川省甘孜州）拍攝的照片。她因拍照被拘捕數日。

所及，周圍擔任盤查、登記、站崗的軍警也有幾十人。這只是一個寺院的現狀，其他寺院不是空空蕩蕩，就是被軍警把守，陷入軟禁之中。據悉「三‧一四」事件之後，僅派遣到甘孜州的軍人就有數萬之多，遠遠超出一九五九年所謂「平息叛亂」時派遣的軍隊。

而此刻，我在寫這篇文章的時候，因為仍在旅行，停宿在果洛州久治縣的一個賓館，清晰地聽見大街上傳來駐紮當地的軍人邊巡邏邊喊叫的聲音。其聲音之大，響徹久治縣城，這麼做，顯然並不是訓練士兵，而是為了震懾藏人。在甘孜州某縣，一位冒險來看我們的朋友，在問到現狀時，因為恐懼隔牆有耳，竟然緊張到說不出話的程度。

進入阿壩縣最近的賽格寺，一片空寂，無論佛殿還是僧舍，大都掛了一把鎖在門上。遇見一位老僧，他趁便衣未到趕緊告訴我，在這次事件中，阿壩縣城裏打死二十九人，賽格寺附近打死一人，格爾登寺有兩個僧人自殺，果芒寺有一個僧人自殺。他還說，一些寺院的僧人都離開寺院回家了，只留年紀大的僧人守在寺裏。後來，在久治遇見一個阿壩青年，他悄悄告訴我，就在前幾天，賽格寺有一百多名僧人被捕。在阿壩縣城中的格爾登寺，儘管我們自稱遊客要求進去參觀，還是被飛揚跋扈的小軍官拒不准許。一個上了年紀的婦人卻不懼怕，伏在車窗上對我們說，阿壩抓了四千人，放了兩千多人，還有一千多人在獄中，她的弟弟因爲呼喊讓尊者達賴喇嘛回到西藏的口號被抓，三個月了，仍然下落不明。她還說，身上戴著尊者達賴喇嘛的像章會被抓，罰款一千。

　　一路上，所經各地除極少地方，皆對我們予以監控和跟蹤。那一張張武警、警察和便衣的臉上，除了敵意還是敵意。我多次看見，他們的手指就扣在扳機上，隨時可以致人死命。太遺憾了，這麼強大的國家機器，這麼多荷槍實彈的軍人，竟然把槍口對準手無寸鐵的藏人。我美麗的藏地河山，竟成了一座不是監獄的監獄！

二〇〇八年六月（唯色）

# 遊客稀落的香格里拉

　　前不久，我到了結塘，也就是雲南省迪慶藏族自治州的州府。結塘這個藏名，一九五〇年代被中共統治後換名中甸，前些年換名香格里拉，爲的是吸引中外遊客。事實上，旅遊業是當地最重要的產業。

　　迪慶州包括香格里拉、德欽、維西三縣，有十八萬藏人，在傳統西藏屬於康，據稱是三・一四事件中唯一沒有起事的藏地。然而，三・一四事件對這片藏地同樣影響很大，這指的是後果。後果即鎮壓，包括抓捕、警戒、威懾等等。據悉，三・一四事件發生之後，雲南省公安廳廳長、省統戰部部長等官員趕到香格里拉緊急開會，給全州一百二十八個村每個村都派了工作組。三月十五日和十六日，三、四十輛裝甲車在香格里拉城裏來回巡邏，車上軍人架著機槍對準行人，此意當然在於威懾。隨後調來更多部隊，迪慶州十幾個藏人鄉都派有至少一個排的軍隊進駐。迪慶州最大的寺院——松贊林寺被關閉十多天，不准信徒和遊客進入。數個思想活躍的年輕藏人遭到懷疑

結塘（今雲南省迪慶州）古城在二〇〇八年西藏事件之後，除了軍人，遊客甚少。

被抓，最近才獲釋。鑒於一九五九年雲南藏地的所謂「叛亂」很嚴重，而這次雖未出大事，依然十分防範。尤其防範流亡西藏政府總理桑東仁波切的故鄉——德欽縣雲嶺鄉，以及他駐錫的寺院——德欽林寺。至今，還有一個加強營的兵力專門看守香格里拉，駐守德欽縣城的部隊則不時換防，每次換了新的駐軍，縣裏就要送肉送糧去慰問，終於吃不消而叫苦不迭。

在香格里拉這座近年來很紅火的旅遊城市，遊客罕見地少。我來過這裏七八回，四面八方的遊客充斥全城和全部景點，小至家庭客棧大到藏地最豪華的酒店應運而生，一幢大過一幢的「藏家樂」夜夜藏歌藏舞烤全羊，有次去新開闢的「國家公園」，只見遊客身影不見湖光山色。然而，這次呢？我們

投宿的客棧老闆是四川人，五月一日開始營業，一直生意不好，說是「西藏暴亂」造成的，還說如果再沒什麼生意，就只有關門走人。原因應該不止這一個，五月十二日發生的八級大地震，以及將於六月十一日在香格里拉傳遞的奧運火炬，都使遊客絕跡。

　　不是遊客不想來，各旅行社接到的通知是，奧運火炬傳遞期間一概不准接團，就同三·一四期間一樣，也不能接待遊客。站在古城入口處尋找遊客租車的計程車司機是藏人。我和他們聊了一會兒。我的拉薩話讓他們願意坦率地告訴我：「旅遊不行了，八〇%、九〇%這個樣子影響了，油都快買不起了。」而這應該歸咎於誰呢？他們的答案是：「政策！如果我們這裏的政策跟其他藏地一樣，宗教信不得，錢掙不到，那我們也會鬧的。」是的，很重要的一個因素是，雲南藏地的宗教政策相對其他藏地較為寬鬆，當地官員說「穿紅衣服的人自然信仰他們的領袖」，所以寺院裏掛著尊者達賴喇嘛的法像，不過現在已被禁止。另外，在經濟上，當地實行一些「地方保護」的措施，使當地人也有獲益的機會。作為政府政策的執行者，如果官員們都像駐藏大吏張慶黎那樣激化矛盾而不是緩和矛盾、解決矛盾，可想而知，全藏地還會爆發如同今日這麼猛烈的抗議風暴。

　　　　　　　　　　　　　　二〇〇八年六月（唯色）

# 貼在城鎮和鄉村的通緝令

　　六月初，從雲南藏區進入四川藏區，第一個縣是得榮縣。一個布滿警察和武警的檢查站橫亙路中，須得登記身分證、駕駛證，接受盤問才能通過。趁武警登記證件，下車觀望周遭，見幢幢藏房都插著嶄新的五星紅旗，後來得知，前不久，甘孜州十八個縣在得榮縣開現場會，要求所有民居和寺院必須掛五星紅旗。在檢查站一側，驀然看見牆上貼著兩張通緝令，白紙上是黑色的藏文和中文，鮮紅的章蓋在藏中文寫的「甘孜州公安局」和「二○○八年五月七日」上面，一排排黑頭藏人的照片怵目驚心。我迅速拍了兩張。後來一路上，還在一些縣城的街頭、鄉鎮民居的牆上見到過。

　　這是甘孜州公安局給十八個縣的公安部門發的通緝令，附有甘孜州公安局和甘孜縣、色達縣、爐霍縣公安局的電話號碼，以及被通緝藏人的照片、籍貫、年齡、相貌特徵、身分證號碼等等。我整理了通緝令上的有關訊息，大概是：中文通緝令通緝的是三十五人；藏文通緝令通緝的是三十六人。男性

三十一人、女性五人；其中僧人七人，其餘二十九人是村民；他們都是康地北部的人，甘孜縣五人、爐霍縣三人、色達縣二十八人。年紀最大的是色達縣六十二歲的村民札西；年紀最小的可能是爐霍縣僧人仁真，從照片上看，他非常年輕，但在三十六個被通緝者中，唯有他沒有注明年齡，難道還不到法定年齡十八歲？

　　這是五月七日發布的通緝令，距三月十四日的拉薩事件近兩個月，那麼，在康地北部的這些鄉間牧場、偏僻小寺的牧民、農民和僧人，究竟做了什麼事、犯了什麼亂，令當局非得布下天羅地網來圍之剿之？回顧三月十四日，不，應該是三月十日以來，由拉薩點燃，繼而遍及多衛康全藏地的抗暴怒火，直到我書寫這篇文章的今天尚未熄滅。人們為之震驚，更為之感佩，而事實上，如果不是已被擠壓得沒有生存空間，如果不是活著的痛苦遠遠超過對囚禁甚至死亡的畏懼，這些鄉間牧場、偏僻小寺的牧民、農民和僧人，會繼續遵守藏人知足的天性，繼續度過貧困的日子，而不是去拚死對抗巨大、強悍的國家機器。

　　通緝令中，色達縣二十八人遍及全縣九鄉二鎮。這是以牧業為主的偏遠地區，與外界的聯繫不如其他藏地，因此，三月以來，在這片草原上，牧人與僧人進行著怎樣的抗爭，外界所知甚少。三月二十一日，在我記載西藏各地大事記的博客上，

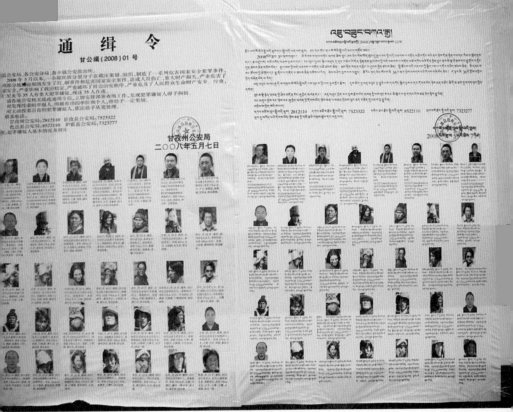

甘孜州通緝令。

署名「不息的魂」的藏人寫下呼救的留言：「十萬火急，救救西藏色達！最新消息，四川省甘孜州色達縣克戈鄉，在二十日下午四點至五點，為了保護雪山獅子旗，被五千多軍警殘酷鎮壓！到目前為止死傷超過二十人，事件是因軍警向藏人宣布：『中央直接下令誰遊行就槍斃誰！』接著要取下雪山獅子旗時，被藏人阻攔，軍警卻立即開槍射殺。請救救西藏！二十一日色達縣泥朵鄉，十一點鐘就要接受更嚴峻的屠殺了，請救救西藏色達泥朵鄉！請把此消息傳遞給任何國家政府機構、人權組織！請生出您慈悲的心，救救西藏人民！」

對照散發著恐怖氣息的通緝令，發生在廣大藏地的許多不為人知的可歌可泣的反抗，反倒由充滿威懾的通緝令傳達出來，將成為這段歷史的證言，以及藏人共有的記憶。

二〇〇八年七月（唯色）

# 抓特務與民族問題

　　一個在童年時代經常聽到的故事，最近在我的身邊發生了。我的童年處在文革期間，是講階級鬥爭的年代。毛澤東說過，階級鬥爭不但要年年講，還要月月講，天天講。生活在這種氛圍中，每個人的頭腦裏都繃著階級鬥爭的弦。小孩子也不例外，我從小耳熟能詳各種抓特務的故事。而我的童年是在西藏東部的康地度過的，階級鬥爭往往與「叛亂分子」相關。是的，當時說「叛亂分子」，現在說「分裂分子」，不論「叛亂分子」還是「分裂分子」，一概全是藏人，都跟境外有關。我記得，一次放學回家的路上，遇見一個穿破爛藏裝的男人舉止奇怪，聯想到老師講過「叛亂分子」被空投到崇山牧場搞破壞，認定那人是特務現身，又激動又有點害怕地跟蹤那人，還攔住一個幹部模樣的叔叔，向他舉報那人是特務，可是幹部叔叔說他不是特務是瘋子，我平生唯一一次抓特務的行動就這麼可笑地結束了。

　　如今回想往事，暗自驚訝那麼年幼的自己，竟被毛澤東

的紅色革命完全洗腦，不但一無所知發生在藏地家園的那些真實的歷史際會和現實境況，還不以跟蹤和告密爲恥，反倒認爲此乃共產主義接班人的光榮職責，這其實是與我同時代的許多境內藏人共有的成長經歷。不過在這裏，我要說的是，在文革結束三十二年的今天，從各個方面來看，中國似乎已經遠離當年，但請注意，那個深深地扎根在中國土壤中的紅色專制，從來沒有改變過。具體到民族問題上，正如毛澤東所言：「民族問題，說到底，是一個階級鬥爭問題」，也就是說，只要是民族問題，階級鬥爭的那根弦就還得繃緊；只要是民族問題，階級鬥爭就還得講個沒完。

什麼是民族問題呢？是不是，只要你是藏族，你就是民族問題，也就是階級鬥爭問題？因此，權力者就可以理直氣壯地對你進行階級鬥爭，是這樣嗎？看來就是這樣。且不說這麼多年來有難以計數的眞實事例爲證，最近幾個月來，當局因爲遍及藏地的事變而對藏地實施的紅色恐怖，顯然把整個藏民族當成了一個問題，而藏民族的每個人，從在位高官到牧人農夫，從藏地漢地到境外各地，也都成了問題。

所以，我的好友，被流亡藏人的父母生在英國的德慶邊巴（Dechen Pemba），雖然她在中國的所有手續都合乎中國法律，雖然她沒有做過任何違反中國法律的事情，但從她到北京的那天起，她已經被貼上了「特務」的標籤。將近兩年，給她

英籍藏人德慶邊巴被驅逐的消息出現在中國《北京青年報》上。

貼標籤的某些權力機構處心積慮地搜尋「特務」的證據，明著盤查，暗地裏跟蹤或搜查，然而證據何在？不過有無證據並不重要，對於專制權力來說，他說你是什麼人，你就是什麼人！就在奧運會舉行前夕，德慶邊巴突然被強行驅逐出境，而第二天，中國外交部向駐京外媒宣布：德慶邊巴係民族分裂組織「藏青會」的骨幹成員！

　　眼看我從小就聽過抓特務的故事變成了現實，眼看中國的報紙和網路紛紛報導，許多中國人為之驚訝、憤怒，但對於瞭解德慶邊巴的朋友們來說，這件無比荒謬的事再次證明了，在這個國家，身為藏人就是問題！借用毛的話來說：民族問題，說到底，是一個抓特務的問題。

二〇〇八年七月（唯色）

# 青藏鐵路的新用途

　　青藏鐵路於二〇〇六年通車，今年三月間有過暫停。但暫停的是中外合出的、媒體聚焦的列車，替代的卻是運載軍人和武器的軍用列車，青藏鐵路兼具的軍事意義不到兩年就充分發揮作用，這在外界很少知道。外界更不知的是，四月二十五日凌晨，在無數軍人持槍押送下，有六百七十五名西藏僧侶被黑布蒙頭，帶往拉薩火車站，而後被一列破舊的火車運往格爾木。

　　是的，那列火車是破舊的，絕不是平日裏供遊客和淘金客觀光的新列車。幾個被舊火車帶離拉薩的僧人給我描述時，我彷彿看見的是在納粹的押送下，成千上萬的猶太人被密不透風的火車運往集中營，運往焚屍爐。我不想說我是在何處見到幾個僧人的。這次見面本身就是奇蹟，就是欲哭無淚。我要把他們受的苦告訴外界，揭穿那個抓走他們的政府自詡「宗教自由」的謊話。

他們告訴我，這六百七十五名僧侶，都是四月初從拉薩三大寺——哲蚌寺、色拉寺、甘丹寺——的僧舍裏抓走的。半夜時分，每座寺院都突然湧入數千名拿著武器的軍人，藏人警察或藏人幹部跟隨著，充當翻譯和幫兇。當時被抓走的不止六百七十五個，僅從哲蚌寺抓的就有七百多，從色拉寺抓的有四百多，從甘丹寺抓的不知有多少。那麼，被火車運走的六百七十五名僧侶之外的其他人呢？幾個僧人喃喃地說，在拉薩的監獄中吧，生死不知。我得知三月十日曾在大昭寺廣場舉行抗議活動的十四名色拉寺僧人當中，有人已被判刑十四年。

　　他們關押在格爾木的某個臨時的軍隊監獄，從西藏大學和西藏藏醫學院抽調了約一百名藏人老師給他們上「法制教育」的課，講的全是這個不准那個禁止，卻從未講過身為公民可以享受的任何權利。三個月之後，家在青海的僧侶被各地的幹部和公安帶回各自的家鄉，但先得在某個被便裝軍人包圍的地方繼續接受「法制教育」，待奧運會結束才能回到各自家中，比如籍貫是同仁縣的二十四名僧人就被軟禁在當地的麻巴民族中學。但是家在康和安多阿壩的僧侶，直到八月底，才被各自家鄉的幹部和公安，像押送犯人一樣帶回各地。

　　那個叫我「阿佳」的色拉寺僧人，雖然微笑著，但神情間含著從未有過的憂傷，他說幾乎所有僧人都得了心臟病。其中二十二歲的僧人晉美平措，患重病卻被態度惡劣的軍醫誤診，

# 学 员 行 为 规 范

第一条　　学法、知法、懂法，遵守法律法规.

第二条　　坚决维护祖国统一，反对民族分裂.

第三条　　服从管理，接受教育，认真学习，尊重教师.

第四条　　联系自己思想实际，提高对"3·14"事件性质的认识.

第五条　　严禁超越规定区域；严禁打架斗殴、自伤自残；严禁拉帮结伙、欺压他人；严禁传播有害言论、唆使他人违纪违规；严禁私藏刀具、手机、石块、砖瓦、钉子、绳索、药品、反动书刊等违禁物品.

第六条　　按要求统一佩戴学员证.

第七条　　遵守作息时间.

第八条　　保持个人和室内卫生.

第九条　　按规定时间、地点有序就餐.

第十条　　患病时向班主任报告.

第十一条　按指定的铺位就寝，严禁串铺、调铺，夜间亮灯就寝.

第十二条　白天分批如厕；夜间宿舍内如厕，大小便入桶.

第十三条　积极参加统一组织的劳动，不将劳动工具和危险品、违禁品带进宿舍.

第十四条　言谈举止文明．不讲脏话、粗话．对班主任和其他管理人员称"老师".

關押在格爾木監獄裏的數百名僧人被迫進行「法制教育」，這是所要遵守的十四條規定。（佚名 攝）

二十天後病情惡化，不治而死。另一個約三十歲的僧人，難以苟活下去，先用頭撞牆，送往醫院後跳樓，結果頸骨折斷，一隻耳朵聾了……那個叫我「阿佳」的哲蚌寺僧人，雖然年輕，卻是哲蚌寺學經僧中的「格西」，對將來何去何從很茫然，因為他父母雙亡，實際上已無家庭；又無寺院可以落腳，多年前他一出家就到了哲蚌寺。而像他這樣經歷的僧人，其實非常多。

　　一列火車駛過，又一列火車駛過，背景則是已然喪失威力的山神念青唐拉居住的雪山。我努力想像著淪為囚徒的僧侶們坐在破舊火車上漸漸遠離拉薩的心情，但說實話，真的很難想像。漫長的青藏鐵路上，幾乎每隔一公里就有一個護路警察在巡視，在翻過唐古喇山口的檢查站，一個護路警察說自己從去年起，每天都在這裏巡視；還說沿線都布置的有監控器，誰做什麼都會被看得一清二楚。

二〇〇八年九月（唯色）

# 那些覆蓋藏地的標語和紅旗

六月去安多和康，對滿目皆是的政治標語和五星紅旗印象深刻。其中一條標語是「堅定對黨和政府的信任」，是在路過甘南州合作市看見的。雖然這標語沒有主語和人稱，卻不言而喻，顯然敲打的是當地藏人的腦殼。然而信任是相互的，要求藏人信任「黨和政府」，「黨和政府」也應該信任被他統治的人民。而且，作為權力在手的統治者，首先應該實現諸如中國古代的「以德服人」、毛時代的「為人民服務」，以及胡時代的「以人為本」、「關注民生」等等諾言。這些與每個人息息相關的話語不是空頭支票，唯有真正落實，才會換來民眾的信任。這是一個互動的結果。然而，過去的事實和現在的情勢卻表明，「黨和政府」是不信任藏人的，這既與中國古語中「非我族類，其心必異」形成的傳統有關，也與歷史事實證明的中國與西藏的關係有關，更與一黨專政之下的民族區域自治制度的實質有關。所以在藏地流傳這樣一個笑話，說北京認為所有藏人中，可以信任的只有一個半，那一個是當過全國人大副委員長的熱地，那半個是當過西藏自治區主席的江村羅布。

藏地到處可見這樣的標語。

　　還有一條標語是「與黨同心，與社會主義同向，感恩報國」，是在路過阿壩州金川縣馬奈鄉看見的。也沒有主語和人稱，但也不言而喻，同樣敲打的是當地藏人的腦殼。其中包含這樣的指責：藏人對「黨和政府」不但離心離德，而且忘恩負義。正如御用歌手才旦卓瑪所唱的「共產黨來了苦變甜」，多少年來，「黨和政府」一直在教育藏人，自己是藏人的大恩人，藏人必須感激涕零。可是，一直以來，尤其是在奧運之年，許許多多的藏人非但不領情，竟然還發出不滿的聲音，讓全世界都聽見，讓「黨和政府」丟臉，以致當局必須派駐重

兵，用槍桿子來命令藏人感恩！然而，是不是恩人，有沒有恩情，應該是對方說了算，事實說了算，表面上看似乎給予了許多，但若是得不償失，誰也不會感激。十世班禪喇嘛生前批評：「我們付出的代價和取得的成績相比較，我認爲代價大於取得的成績」。遺憾的是，這仍然是今日西藏的寫照。

至於五星紅旗，不但插在各單位門口，甚至高高地插在寺院頂上，甚至插在牧人的黑帳篷上。記得青藏鐵路剛通車時，五星紅旗和各種標語覆蓋拉薩全城，把中國官媒的記者們激動得尖叫：藏族人民多麼愛國呀！而事實上，正如一位生活在拉薩的藏人披露：「過春節家家要求掛紅旗，過藏曆年家家要求掛紅旗，『五一』家家要求掛紅旗，『十一』家家要求掛紅旗，遇到任何一個『重大日子』都要求掛紅旗……如果是自發、願意那沒什麼可說，可是逼著你掛，不掛輕者罰款，重者扣上『分裂分子』的帽子，那種彆扭不知道該怎麼形容。」一位網友在我博客上留言：「標語所寫的，表示情況就是相反的。這一套獨裁政權拿來塗脂搽粉的虛僞作風，識者一眼即了然於胸。我爲藏地藏人感到心痛！」

二〇〇八年八月（唯色）

# 瑪曲人創作的笑話

　　三月十日起，在拉薩，藏人從和平遊行被鎮壓漸漸變成以暴抗暴之後，烈火也在安多和康燃燒。三月十六日，瑪曲的上千民眾跟隨寺院僧眾上街抗議，當局急派軍警鎮壓，開槍射殺十二名藏人，抓捕無數。隨後增派軍隊，包圍各鄉鎮和寺院，進行大搜查和大抓捕。據悉瑪曲縣駐紮了一萬多名軍人，數量和當地居民相當。其中有部分軍人穿不帶軍銜的武警服裝，被認為是解放軍偽裝。聽說第一批抵達瑪曲的軍人，因為高原反應已被換下。而調防接手的軍人不吃牛羊肉，每天須往瑪曲運送豬肉。如此大量的軍人，是駐紮到北京奧運結束或駐紮到明年三月十日之後，誰也不知道。

　　我經過瑪曲時是六月中旬。已經事隔三個多月了，進出瑪曲的路口依然關卡重重，軍警密布。過往車輛，無論大車小車摩托車一概檢查，絕不輕易放過。過往人員，若是外地的須得登記身分證，若是本地的除了登記身分證，還須必備類似出入證那樣的特殊證件。我親眼看見，槍不離手的士兵對外地人的

瑪曲街頭。

態度比較客氣，但對本地人，尤其是本地藏人，不論漢語流利的幹部還是藏袍加身的牧人，一概凜然以待，似乎他們個個都是潛伏的恐怖分子，須得提高警惕。

當時正值挖蟲草的季節，對於藏地許多地方的藏人，一年來的主要收入是靠蟲草。但是，要挖到一根蟲草都不容易，跋山涉水，風餐露宿，我見過一個康地少女一天才挖到一根蟲草的幸福樣子。去年一根好蟲草在當地可以賣到七十元，而今年的價格下降一半，是因為收購蟲草的人大大減少。即使這樣，藏人們還得上山挖蟲草，能賣多少是多少。但不幸的是，他們挖到的蟲草竟被把守關卡的軍警發現沒收了。在槍口下，失去蟲草的藏人們不敢怒，更不敢言。

最近，聽到兩個在瑪曲流傳的笑話，一個笑話是說，在軍警把守的關卡前，設置的有道路減速帶，而瑪曲的小夥子都喜歡狂野地騎摩托，車技都很高。有次，一個年輕牧人風馳電掣地騎來，到了減速帶那裏緊急煞車並掉頭，當他身體傾斜時，從穿藏袍的懷裏掉出一個東西，滾落在地。見此情景，高度緊張的軍官大喊「臥倒」，所有士兵也一下匍伏地上。這時，牧人跳下摩托，撿起地上的東西，高高舉起晃了晃——原來是一個圓圓的饃饃！軍人們如釋重負，多少有點尷尬地站起來，大家相視而笑。還有一個笑話是說，時間長了，這些當兵的也漸漸跟牧人們熟悉了。有次，還攜手舉行了籃球比賽，結果是○

比十八，牧人們贏了。牧人們得勝而歸，當兵的卻被軍官列隊訓斥。有個牧人回頭看，見軍官從第一個士兵開始，用拳頭狠狠地捶打士兵的肚子，嘴上還說：「你們給我丟臉，你們給我丟臉」，每揍一拳，士兵就啪地立正一次，就像中國電影裏日本兵動輒立正聽令那樣。

聽說這兩個笑話傳遍安多，藏人們聞之都快樂地笑，並不追究是否屬實。因爲誰都知道，這必是瑪曲藏人爲了從每日的紅色恐怖中擺脫出來而進行的集體創作，有點精神勝利法的意味，更有點苦中尋樂的意味，既虛構現實來自我安慰，也符合藏人們總是抱有希望的天性。

二〇〇八年八月（唯色）

# 北京奧運對藏人說「不」

　　三月以來，藏人在自己的土地上發出的聲音震驚了世界。這聲音是一種純藏式的呼嘯，唯有藏人而且更多的是鄉村的、牧場的藏人才發得出的呼嘯，被中國的媒體形容爲「狼嚎」。這是一個耐人尋味的重要細節。

　　北京奧運火炬在拉薩傳遞時，沒有特殊證件的藏人一概不准出門，剩餘不多的僧人不准離開寺院。約有二百多名受到懷疑的藏人被拘押。拉薩的友人怨歎：爲什麼中國其他城市傳火炬，市民可以去看，而藏人就不能去看？我們不是這個國家的公民嗎？

　　許多僧人消失了。拉薩三大寺的上千僧人而今何在？我的兩個年輕的僧人朋友而今何在？去年我還在他們彌散著梵香的僧舍，見到尊者達賴喇嘛的法像……有消息傳來，在青海省格爾木的戈壁灘上——那是中國的關塔拉摩——至少有上千僧人被當作「恐怖分子」囚禁，要到奧運結束才可能獲釋。有消

息傳來，關押在那裏的哲蚌寺僧人晉美平措被折磨而死，年僅二十二歲。

宗教法會都被取消了，當局害怕有著影響力的僧人與虔誠的信眾聚在一起。許多民俗節日也被取消了。北京奧運火炬在青海傳遞時，青海湖邊的牧人祭祀山神、賽馬踏青的傳統節日被禁止。本來將於七月底，在安多農區舉行的傳統「拉伊」歌會也被禁止。康地的賽馬節也不能幸免。一個高大的康巴漢子遠望著山上放養的駿馬對我說：奧運會？奧運會可能就像我們的賽馬節吧，許多人從很多地方聚在一起，可是我們的賽馬節被取消了。

藏地有些地方又在增兵了。比如甘肅省的夏河、瑪曲，比如四川省的甘孜、阿壩。關卡還是重重，軍警還是密布。單單甘孜州就有超過七萬的軍人，遠遠超出一九五九年鎮壓反抗藏人時派遣的軍隊。而瑪曲縣就駐紮了一萬多名軍人，數量和當地居民相當。我的一個安多朋友說，新來的軍警最近常在各村莊出現；我的一個康地朋友說，明天香格里拉的駐軍要舉行「反恐」軍事演習。至於拉薩，正在秋後算帳，人人都必須表態，如果不點名批判尊者達賴喇嘛，那就會被打入另冊。

而在有著數千藏人的北京呢？藏人大學生被要求回家，西藏中學的學生卻不能離校；藏學中心罕見地給藏人職員放長

奧運會在北京舉行時，拉薩森嚴可怖。

假，即便是當作喉舌的御用藏人，也不獲信任。一個做導遊的
藏人被無辜拘押了一個月，警方卻不作任何解釋。一個藏人畫
家被審問了一天，因爲他的畫裏有藏文寫的佛經。我的好友德
慶邊巴，她出生在倫敦，父母是流亡藏人；她本在北京學習和
工作，簽證尚未到期，卻在奧運會前夕被突然驅逐出境，而第
二天，中國外交部向駐京外媒宣布：她是民族分裂組織「藏青
會」的骨幹成員，做了違反中國法律的事情。而這完全是莫須
有的誣陷！至於我，奧運期間若在北京會被軟禁，不讓離開住
處；若回拉薩……拉薩的親人朋友都勸道：「還是奧運結束了
再回來吧。」

二〇〇八年七月（唯色）

# 一場不但政治化
# 而且種族化的奧運會

　　由於歷史的原因，安多許多地區依循中國農曆安排宗教法會和民俗節日。北京奧運會開幕式的時間是西曆八月八日，也是農曆七月八日，恰是安多大寺——拉卜楞寺舉行七月法會的第一天，將有非常隆重的「羌姆」向眾多的僧俗信眾演示。這本是延續兩百多年的法會，但因與北京奧運相撞，被當局取消。一位僧人神情黯然地告訴我：「政府對我們有幾個不准：不准出寺、不准聚會、不准抗議。一百多個打扮成遊客的便衣，連續多日在寺院裏晃來晃去。各單位、附近鄉村派人緊盯我們。普通百姓得憑證件才能進寺院朝拜。唉，他們開他們的奧運會，為什麼不讓我們舉行我們傳統的法會呢？」當地朋友說，奧運會開幕式那天，夏河城裏藏人開的商店、飯館幾乎全都關門不營業，以示抗議；許多老人在繞著寺院轉經時，一邊轉經一邊哭。

　　西曆八月十二日這天，是安多甘南桑科草原舉行傳統賽馬會的日子，屆時將有一到兩萬的牧人雲集而至，備受尊重的僧

北京奧運會期間，我們回到拉薩，拍下這樣的照片。

人將爲之祈禱。近年來，當地政府插手包攬，把賽馬會辦成了
旅遊、交易、招商等大雜燴活動。但今年的賽馬會辦不成了，
雖然幾天前，已經有許多牧人趕到草原上搭起帳篷，準備過這
個傳統意義的節日，可是當局一聲令下，使得賽馬會化爲泡
影。理由不言自明。現如今，哪怕一個藏人都被視爲潛在的恐
怖分子，上萬藏人的聚會當然會被視爲最大的危險，又恰與北
京奧運相撞，按照鄧小平所說的將不穩定因素消滅在萌芽狀態
之中，怕擔責任的當地官員絕不會給藏人們賽馬的機會，而這
使得藏人們很憤怒，而這又使得當局格外加強各種防範。事實
上，幾天來，夏河已被封城，外人進不去，裏面的人出不來，

周邊藏人不准騎摩托進城，桑科草原則被荷槍實彈的軍警包圍得水泄不通。

　　我走訪了一些安多藏人，詢問他們對北京奧運會的看法。一位曾在一九五八年被當作「叛亂分子」勞教過、如今與兒女們廝守鄉村的年邁老農說：本來，因為要順利舉辦奧運會，中國才答應跟嘉瓦仁波切的代表談判，談了兩次，態度越來越壞，可能是舉辦奧運會的問題已經解決了，所以根本不在乎；中國的話信不得，今天這樣明天那樣，奧運會就是證明。一位學業有成、而今創辦實業的中年藏人說，他的兩個孩子因為在漢人居多的城市長大，過去從不知道身為藏人有何不同，但在「三‧一四」之後，卻在學校裏被同學斥罵是「藏獨分子」，這使得他們轉變很大，在看奧運會的比賽時，只為外國隊加油，看不得中國隊贏，這讓做父親的他又難過又擔心。一位曾在今年三月期間被抓捕、毒打的僧人說：很多人，不止是藏人，甚至那些官員，都因為這個奧運會感到恐懼，就像上戰場打仗一樣，如臨大敵。而藏人的恐懼更多，這是因為人家首先把你當成了敵人。奧運會變成了一個不但政治化甚至種族化的奧運會，背離了奧林匹克的精神，所有蒙受屈辱的人們是會銘記在心的。

二○○八年八月（唯色）

# 西藏公安廳加給唯色的罪名

三・一四之後，因爲西藏局勢緊張，我和妻子唯色一直沒有去拉薩。直到奧運會開始舉行，我們以爲會安全一些，便專門選擇那個時機回到拉薩。

當十來個西藏自治區公安廳國保總隊的便衣警察出現在我們面前時，事實證明我們估計錯了。他們帶走了唯色，搜查了我們的住房，拿走我的電腦。我拒絕給他們開啓電腦的密碼，但我自以爲足夠牢靠的十幾位密碼對他們不構成障礙，他們還是取出了我的全部資料。

他們加給唯色的罪名是，她在拉薩街上進行了拍照。我問他們，拍照是什麼罪？沒有在中國法律中見過這一條。他們回答，她拍了街上的軍警。

那時拉薩街上到處是軍警，有的在路口站崗，有的在公交車站檢查，有的在街上巡邏。他們頭戴鋼盔，荷槍實彈，成群

二〇〇八年六月，唯色在阿壩街上。

結隊，令人恐怖，的確是世界任何城市少見的風景。我覺得大概只有伊拉克看得到同樣場面。但是為什麼不可以拍照呢？他們是在公共場合，我們拍的不是軍事禁區或祕密基地，而是在一個號稱歡迎所有人作客的旅遊城市。拍照是任何一個旅行者最正常的行為。如果所拍照片裏面有軍警，那是因為軍警充斥了公共場所，只能說是他們闖進了鏡頭，憑什麼是拍照者的罪呢？

西藏的國保反問我，拍了這種照片上了網，會是什麼結

果？我說，官方不是宣稱拉薩街頭的軍警是在保衛拉薩人民，受到拉薩人民熱烈歡迎嗎？為什麼會怕這種照片上網呢？拉薩街頭的軍警應該像天安門升國旗的士兵那樣，成為拉薩一個項目旅遊才對啊！

當然我只是這樣說，因為我心裏非常清楚，西藏本地人對軍警怕得要命。三‧一四後，很多家庭被那些軍警闖入搜查，很多藏人被帶走，遭受毆打關押，有人至今還未回家。同樣的，唯色的家人也認為她可能回不來了，家裏彌漫著絕望的氛圍，讓我親身體驗了三‧一四那些受難家庭的感受。

幸運的是，正在進行的奧運會可能還是有作用，唯色在被扣押八小時後得以回家。西藏國保強令她刪除了所有看得到軍警的照片。那種照片總共沒幾張。但是就為了那幾張照片，西藏國保動用那麼多人，精心搜查了我們房間的每個角落，似乎想挖出到處都可能隱藏的祕密。這讓我深切感受到西藏當局為封鎖真相所下的工夫。雖然國保警察持有齊全文件，整個過程很注意程序，然而這不能說明他們符合法律，只能暴露法律是為他們服務的工具，用來扼殺自由和封鎖訊息，目的是讓權力壟斷真相，而權力之外的任何人都不被允許觸碰現實。

二〇〇八年九月（王力雄）

# 又一場文革悄然席捲藏地寺院

　　文革期間，充斥報紙廣播的是毛澤東的指示以及沒完沒了的會議和口號，但與此同時，毀於各級官員的命令和「革命群眾」手中的數千座寺院，以及被當作「牛鬼蛇神」招致羞辱、迫害的傳統精英，卻根本不見於報導。作為一個深諳宣傳手法和宣傳功效的政權，從來都是有意識的選擇性失明，所以真相被假象淹沒，總是隱藏不見。也因此，就今年三月的西藏事件，我們在中國官媒上的所見所聞，都是當權者推卸自己責任、構陷他人罪責的畫面和聲音，至於當權者事實上做了些什麼、正在做些什麼，外界很難獲悉太多。

　　但無論如何，當今資訊發達已今非昔比。即便當權者如何處心積慮地想要掩藏真相，但還是會有一些真相洩漏出去。比如，一些涉藏媒體從境內有勇氣的藏人那裏瞭解到，目前在康地各寺院開展的「愛國主義教育」有個新內容，當局要求工作組中的藏人黨員和幹部，以及各寺院的主持和高僧，對當地僧人和尼眾的抗議活動負責；警告若再度出現僧尼的抗議活動，

將依據抗議規模對藏人黨員幹部進行處理，甚至開除黨籍和公職；若任何一座寺院出現三〇％以上的抗議僧尼，不但要將寺院主持及高僧驅逐出寺，同時將永久性地關閉寺院。看來，「愛國主義教育」威脅的不止是所有僧尼，也從未有過地波及到黨自己派遣的工作組每個成員。

前不久，英國《每日電訊報》的記者以「中國計畫整肅藏傳佛寺」（China Plans Sweeping Purge of Tibetan Monasteries）為題，報導了西藏寺院面臨的災難。其中披露，在中國政府關於西藏的資訊網站上有一份正式的藏文文件，是由甘孜州州長針對甘孜州十八個縣簽發的決定，措辭嚴厲，正如前面所說，當局將會對有十％到三十％的僧尼參加抗議的寺院實施這些措施：寺院裏的宗教活動會被停止，僧侶的行動將會受到密切控制；而且，寺院裏的僧尼也必須重新「再註冊」，凡未能通過「愛國主義教育」考試的僧尼會被開除，僧舍會被拆除。至於參加抗議活動的僧尼，輕則遣回原籍，進行「再教育」，重則將會被囚禁。然而，事實上，從三月以來，全藏地已有數以千計的僧尼被逮捕，而被祕密判刑以及被打死、自殺的僧尼則人數不詳。

這些報導提供了十分清楚的證據，揭示了中共當局正在對藏地寺院開展自文革結束之後最爲嚴酷的清洗。但在中國的媒體上，卻根本不會見到對這類「黑箱操作」的報導。這是又一

著名的格爾登寺，位於四川省阿壩州阿壩縣，遭到軍警搜查。（佚名 攝）

場席捲藏地的文化大革命。一九六六年的文革砸寺院砸佛像驅逐僧尼，留下一片怵目驚心的廢墟。而這場再度復蘇的文革會驅逐真正的僧尼，只留下寺院軀殼，留下不得不失去勇氣和良心的僧侶。幾年前，在拉薩，一位從小出家的甘孜僧人給我念過他寫的一首詩，彷彿已經預示了籠罩寺院的表面假象，預示了西藏佛教的滅頂之災。詩中寫道：「寺院的外面用金銀裝飾得很美麗／但寺院的裏面卻沒有佛法的甘露／這樣的寺院我不喜歡／僧侶的外面用袈裟裝飾得很美麗／但僧侶的內心卻不是盛放甘露的寶瓶／這樣的僧侶我不喜歡……」

二〇〇八年九月 （唯色）

# 把寺院變成旅遊景點的用意

最近聽說，在拉薩，自治區的官員們正在籌措這樣一件大事：大昭寺，以及包括哲蚌寺、色拉寺、甘丹寺在內的三大寺，將有可能實行類似布達拉宮的管理辦法。

布達拉宮的管理辦法，即是把布達拉宮變成一個旅遊景點。當然，這個旅遊景點是屬於博物館那種檔次，而且因為被聯合國列入「世界文化遺產」，更不同於一般博物館。布達拉宮的管理部門是自治區文化廳下屬，從處長到一般工作人員，構成的是一個行政單位。鑒於布達拉宮裏面有大大小小諸多佛殿，故而有一些僧人承擔「規尼啦」（管理佛殿的僧人）的工作。他們穿袈裟，在袈裟的外面套一件藍大褂，雖然不倫不類，總是給遊客留下是僧人而不是俗人在管理布達拉宮的感覺，畢竟遠地而來的遊客需要這樣的宗教感覺。然而這些僧人已經不是真正意義上的僧人了，他們準時上下班，每月有薪水，週末和節假日要休息，主要職能就是負責佛殿的香火、衛生和信眾的供養，以及給遊客講解等等。他們就跟博物館的工

作人員一樣。

當局針對大昭寺和三大寺的這一計畫，據悉目前尚未拍板，很難判定是否將最終付諸實踐。但我相信，如果真的落實，當局必定會有一套自圓其說的說辭。比如早在一九八二年，當局頒發過一個名為〈關於我國社會主義時期宗教問題的基本觀點和基本政策〉的文件，其中提出宗教組織要「自己解決自己的問題」，實行「自辦自養」。簡單地說，即「以寺養寺」。而在這個文件的背後，除了影射廣大僧侶是「不勞而獲的寄生蟲」，其目的在於使宗教在世俗化的進程中逐漸消失。讓寺院「自養」的辦法，在近些年來日益明朗化的即是把寺院變成旅遊景點，事實上中國內地的漢傳佛教寺院幾乎都成了變著花招賺錢的旅遊景點，看上去香火很旺，但其庸俗化的程度已背離佛教精神。

然而，當局真的是出於讓寺院自己養自己的好心嗎？大昭寺有上千年的歷史，三大寺也各有數百年的歷史，在一九五九年以前，這些寺院都發展到鼎盛時期，尤其是三大寺，經由多年勤奮修學，培養出來的淨是全藏最寶貴的傳統知識分子。而那時候，沒有一座寺院非得變成旅遊景點才能存活下去。其實說穿了，用當局自己最愛說的一句話來形容當局，這個有可能出籠的新政策不過是「別有用心」。聽說一旦實行，大昭寺和三大寺將只留下一些擔任「規尼啦」的僧人，其他僧人將被

拉薩大寺──色拉寺被軍警圍困。（佚名 攝）

暫時安置到前不久剛修建完成的「佛學院」。而那個「佛學院」，實行的並不是佛學教育，而是「愛國主義教育」，僧人們若肯過關，則可能繼續爲僧；若不肯過關，輕則勒令還俗，重者關進牢房——這早已是持續十多年的「宗教事務管理辦法」，輕車熟路，如今無非是進一步細化而已。

今年三月的抗暴事件之後，三大寺上千名來自康和安多的學經僧被拘押，繼而被驅逐，不准重返三大寺。一位原在色拉寺修學的僧人在前不久寫信致中國主席胡錦濤，其中寫道：「政府罔顧藏傳佛教的悠久傳統，忽略廣大信徒的精神追求，嚴格控制寺院僧人，對一心求法學佛的僧人尤加管制，強行驅逐外來的學經僧人，這都是宗教信仰自由的政策名存實亡的有力證據……如果把佛教寺院當作文物保護單位或旅遊觀光勝地，那麼寺院的作用就消失了，還不如由政府投資修建一些陳列文物的博物館更合適。」

二〇〇八年十二月（唯色）

# 消失在無人知曉的無邊黑幕裏……

　　在二○○八年所發生的一切變故尚未完結，由三百六十五個日子構成的二○○八年已至尾聲。彷彿一椿椿變故就發生在昨日，鮮血尚在流淌，硝煙尚未消散，而在血與火中奔湧的熱淚、升騰的憤怒，對於我們許多人來說，依然還是非常真切的體驗。這是因為，在龐大的黑幕後面進行的陰謀依然發生著。

　　最近獲悉的有，僅在拉薩，就有愛滋病工作者旺堆被判無期徒刑，退休的醫護人員益西曲珍被判十五年徒刑，還有五位藏人被判刑八至十四年不等，罪名都是所謂「裏通」境外分裂勢力，遠比中國官媒上渲染的「打砸搶燒分子」所受到的懲罰更嚴重。當然，有許多所謂的「打砸搶燒分子」，來不及經歷欺世盜名的法律程序，早已喪生於中國軍警的武器之下。只有極少數遇難者的屍體，如三月十六日在阿壩抗暴事件中遇難的藏人，很幸運地被拍攝下來，其血淋淋的照片迅速地被傳播出去，全世界因此目睹中國軍警殘殺藏人僧俗的真相。

我們不知道，還會有哪些藏人，將是終結二○○八年那無休無止的屠戮、拘捕、判刑、失蹤等等人間罪惡的休止符。其實沒有休止符的。沒有，一直都沒有，自一九五○年以降就沒有停息過。二○○八年無非是繼四九年之後，再一次在記錄這份人間罪惡的名單上，增添了許許多多因之受苦受難的藏人，他們是安多的男人和女人、衛藏的男人和女人、康的男人和女人。但他們真實的名字，只有很少、很少為世人所知。就像六月八日，甘孜州爐霍縣三百多名阿尼在去縣城請願的路上，被武警動用特殊武器毒打，當場有三十多個阿尼被打殘，而我們並不知道她們真實的名字。

　　最近我見到幾個外國記者，他們剛從安多和康回來。他們說，有關藏人被鎮壓的數字，中國政府的說辭肯定是假的，明顯大大縮水了；而西藏流亡政府的報告也存有誇大的傾向；真實的數字是介於這之間的。這乍聽之下似乎有理，但請仔細想一想，他們在廣闊藏地的旅行加上採訪不過十幾二十天，如此匆匆就可能知道全部事實嗎？

　　深陷恐懼的藏人怎敢跟從來不認識的外人敞開心扉？連鄰居都不敢信任；連坐在家中都擔心外面的攝像頭會穿牆而入，又如何敢向外人訴說許多年來以及這一年來飽受的苦難？也許我們應該做一個針對藏人的隨機調查，在其認識的藏人當中，有誰被打死了，有誰被拘捕了，有誰還在獄中，等等。比如

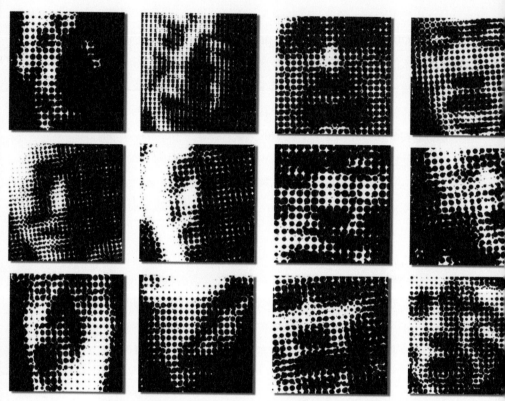

西藏藝術家Losang Gyatso為紀念二〇〇八年西藏事件中勇敢發聲的僧人而製作的藝術作品——Signs from Tibet。

我，從三月十日至今，已有十二個相識的朋友遭到拘捕。最早的被捕於三月十五日，最晚的被捕於十一月底，其中拉卜楞寺的喇嘛久美在這一年被捕兩次，至今還在獄中。在我被拘捕的朋友中，兩人是女性，三人是僧人，其他人各行各業。八個在拉薩，一個在西寧，一個在夏河，一個在紅原，一個在北京。除了一位朋友雙親已故，其餘都有家庭，或父母年邁，兄弟姐妹連心，或有相守的丈夫和妻子，以及年幼的兒女……

　　也許我們每個人都可以來做這樣的統計。還可以做更為詳細，更多紀實性的記錄。這不會是很快可以完成，務必仔細、確鑿、完整，那麼，那些消失在無人知曉的無邊黑幕裏的生命，將為二○○八年的血與火，提供無人能夠抹殺、抵賴的真相。

二○○八年十二月二十五日（唯色）

# Ⅷ 「丟掉幻想，準備鬥爭！」

# 藏人的夢想太多了

　　西藏有一句人人皆知的諺語：藏人毀於希望，漢人毀於多疑。許許多多藏人常常把這個諺語掛在嘴上，自嘲地說，無奈地說，絕望地說，沒心沒肺地說。但也只是說說而已，懷著各種各樣的情緒說完了，還是那樣，繼續陷入對未來的各種各樣的夢想當中。

　　有一位名叫梅爾文・戈爾斯坦（Melvyn Goldstein）的美國人，是國際知名的藏學家，寫了不少關於西藏歷史與現實的研究論著，近來出版的新著是對西藏當代著名革命家平措汪傑先生所做的傳記。打開這本書，這位琢磨藏漢兩個民族複雜糾葛的西方學者，把西藏人愛說的這句諺語印在了扉頁上面。

　　這句諺語是這本書的點睛之筆嗎？或者說，這句諺語是平汪先生奮鬥一生的縮影嗎？平汪先生是藏人中最早的共產主義信徒，也是藏人中率先與中國軍隊一起進入西藏的合作者，如今有看法認為他不應該把中國軍隊引入家門，但是只要瞭解

西藏老共產黨人平措汪傑先生的傳記。

到平汪先生及其同時代相當一批藏人的理想和抱負，就會明白他們的夢想不是爲了自己謀幸福，而是爲了西藏謀幸福。

二〇〇四年，已經八十多歲高齡的平汪先生分別寫了兩封重要的信，一封是給中國官方在藏人中的御用喉舌代表、藏學研究中心總幹事拉巴平措，一封是給當今中國的最高首腦胡錦濤，其中心內容都是呼籲中共當局應該盡快與尊者達賴喇嘛對話，讓尊者達賴喇嘛重回故土。儘管平汪先生再三強調，這是「事關整個藏區的長期安寧與持續發展以及各民族的平等團結、共存共榮的重大問題」，但是他的懇求卻如石沉大海，毫無回音，難道這又是藏人千萬個夢想中的一個夢想嗎？

前不久，我結識了兩個定居海外的藏人夫婦，他們剛剛去過拉薩。拉薩越來越漢化的趨勢，雖然讓他們反感，但還不是

困擾他們的最大問題。拉薩藏人尤其是體制內的藏人追逐物質享受、不思民族進取的現狀，才使他們十分憂慮。他們難過地說，西藏流亡政府與中國政府已經進行了五輪對話，好像會有轉機的樣子，為此，流亡政府要求世界各地的流亡藏人取消任何反對中國的抗議和示威活動，大部分流亡藏人都順從了，耐心地等候事態向著好的方向發展，可是事與願違，形勢越來越惡化，中共在西藏的當權者號召要與尊者達賴喇嘛進行「殊死鬥爭」，二○○六年九月三十日，在西藏和尼泊爾交界的囊帕拉山口，還發生了中國邊防軍槍殺逃亡藏人的血腥事件，很明顯，這又一次粉碎了我們的夢想。

是的，藏人的夢想太多了，藏人不應該再繼續夢想下去了。當夢想被擊碎之後，或許才會有真正的轉機。

二○○六年十二月（唯色）

# 達蘭薩拉的退步換取不到進步

　　流亡西藏所要求的「名副其實的自治」，也可以表述為「藏人治藏」，其中的關鍵在於治藏的藏人如何產生。目前藏區的政府首腦也是藏人，但是且不說實權是在漢人書記手中，那些藏人首腦的任命都是出自北京，而「名副其實的自治」，則必須由藏區人民自己來選擇掌權人。

　　人民的選擇當然只能通過民主，這就是達賴喇嘛在一九九二年發表的《西藏未來政體及憲法要旨》中所稱，要「實行三權分立的政黨議會制度」；也是西藏噶廈政府二〇〇五年解述「中間道路」時所表達的，「這種區域自治應該是由根據民主程序，通過人民選舉產生的議會和政府所主導」。但是這顯然構成了達蘭薩拉和北京之間的障礙，北京怎麼可能允許在它的專制統治下，出現一個覆蓋四分之一國土的民主制度呢？

　　近年，達蘭薩拉為了克服這個障礙，提出另一種說法，要

從大昭寺眺望雪中聖殿——布達拉宮。（尼瑪次仁 攝）

求「在中華人民共和國的憲法框架內」實行名副其實的自治。相對以往主張的民主制度，這是一個很大的妥協，在中華人民共和國的憲法框架內，至少不會有三權分立和政黨議會制的空間。

這種變化不是達賴喇嘛和流亡政府放棄了民主理想，而是根據現實的可能性，放棄了以往主張的西方民主制度，在「中華人民共和國憲法框架內」，找到由藏區人民自己推舉當權者的途徑。

許多專制國家的憲法都寫得很漂亮，字面也有關於民主

程序的規定，如果真能把文字落到實處，可以實現的民主也不少。例如中國現行的人民代表大會制，若真正按照中國憲法實行，人民選擇和罷免領導人也可以在一定程度上做到。然而關鍵是憲法必須得到落實。

然而憲法文字從來是專制者的把戲，不但自己不兌現，還要禁止他人履行。例如《中華人民共和國憲法》第三十五條──「公民有言論、出版、集會、結社、遊行、示威的自由」，在中國現實政治中只能看到相反情況；而中國的人民代表大會存在了幾十年，也從未改變過「表決機器」和「橡皮圖章」的實質。

因此，向專制政權索求「名副其實的自治」，妥協和變通都是沒用的。根本的一點在於，你「名副其實的自治」了，它又怎麼專制呢？

二〇〇七年九月（王力雄）

# 談啊談，白了特使頭，空悲切

　　藏中第七次會談，又一次實現了我們不願實現的預想——以談而無果的事實，非常順利地結束了。署名桑傑嘉措的網友在我的博客上留言：「中藏會談：第一次會談＝○，第二次會談＝○，第三次會談＝○，第四次會談＝○，第五次會談＝○，第六次會談＝○，第七次會談＝○……這就是中共向全世界展現的誠意。」

　　留言簡單，但深深的失望和抑制不住的激憤表露無遺。有趣的是，有漢人從中看到希望，撰文稱讚有「可喜的進步」，因為中共對尊者達賴喇嘛的要求，從「三個停止」變成「四個不支持」了，口氣顯然有點不一樣。我們只有苦笑了，是那種含有屈辱的苦笑。不過，我們畢竟不是跟中共談判的那幾位藏人，他們所承負的壓力和所受到的差辱，我們只有想像，卻無法分擔。雖然他們有著達賴喇嘛代表的光環，但這個光環只有藏人看得見並會雙手合十，他們的對手從不放在眼裏。

與中共會談的達賴喇嘛特使：嘉日·洛珠堅贊先生（右）和
格桑堅贊先生。（佚名 攝）

　　應該是從二○○二年起吧，藏中第一次會談。那時我在
拉薩，我記得我悄悄打開網頁，與幾位長輩瀏覽有關消息和照
片，作為達賴喇嘛特使將赴北京會談的嘉日·洛珠堅贊先生，
看上去躊躇滿志，年富力強。幾位長輩低聲交流著時而樂觀時
而悲觀但還是多少抱有希望的期待，作為傾聽者的我，需要瞭
解和學習他們的經驗與教訓。事實上，從很年輕的時候起，就
經歷了中共治理西藏每一步的他們，太知道中共的本質，故而
內心存疑很深。換句話說，他們基本不相信會有良性的或者雙
贏的結果，與他們熟悉的簽訂《十七條協議》的當年相比，早
已是囊中之物的西藏可以說無力回天了。但是，談總比不談好
吧；每談不成，也可能是一種轉機的理由吧，我想這可能是大
多數藏人的心裏話。

　　於是，從二○○二年至二○○八年，所有人都看見了，每
年都在談，每年都有或長或短的日子，尊者達賴喇嘛的代表們

與中共統戰部的官員們碰在一起；他們談了什麼，外界不太清楚，但他們談不成什麼，外界很清楚。於是，從二○○二年至二○○八年，有那麼兩三次似乎迴光返照，尊者達賴喇嘛的代表們走到藏地，一些藏人官員會穿藏裝說藏語來迎接，讓絕望的境內外藏人重新鼓起希望，等待奇蹟出現；然而自始至終沒有奇蹟，有的只是冷酷的真相日益清晰，在遠離藏地、在再也看不見雪域鄉親的會談中，尊者達賴喇嘛的代表們不得不變成了中方聲稱的歸國旅遊的藏胞。而最近剛結束的第七次會談，被中國官媒說成是「應達賴方面多次請求」，其報導連中國人自己都看不下去，說這不叫談判或者會談，這叫作訓話。

批評中方毫無解決誠意、玩弄公關手段、宣示霸權立場的言論越來越多。全體藏人更因會談屢屢失敗而倍感受挫，積怨甚深，終於在今年三月中旬爆發波及全藏地的抗暴運動。受命於這一危急時刻，達賴喇嘛特使兩赴中國，繼續進行談而無果的會談。媒體的關注使得我們多次從影像上見到特使先生，相隔六年，他的疲憊和衰老令人驚訝、傷感，他的一頭華髮是歲月催白，還是會談催白？那麼，還要談多少次，雙方才會結束這一場似乎看不到盡頭的貓抓老鼠的遊戲？就此，向特使先生和其他幾位代表致以敬意：縱使失敗，也是歷史銘記的西藏英雄！

二○○八年七月（唯色）

# 達賴喇嘛是否可能來中國

　　多年以來，國際社會把中國最高領導人與達賴喇嘛會面當作一個重要話題，不斷敦促中國政府邁出這一步。達賴喇嘛自己也做了各種表示，願意與中國領導人會面，願意到中國的五臺山朝佛，願意出席北京奧運會開幕式等，但是北京一直不做回應。

　　中國政府早已不堅持意識形態教條，其靈活和務實甚至會落到投機的地步，爲什麼在達賴喇嘛來中國的問題上如此僵化呢？我想，中國政府怕的不是達賴喇嘛本人，讓他做一次有過程而無結果的中國之旅，其實可能對北京有利，北京怕的是境內的藏人百姓。

　　如果達賴喇嘛來中國，藏人百姓會怎樣呢？北京對一九七九年和一九八〇年的流亡藏人「參觀團」在藏地的情景肯定記憶猶新。當時參觀團受到成千上萬藏人的歡迎，交通堵塞，人們流著熱淚，長跪在地，敬獻哈達，很多人呼喊著達賴

無論當局如何嚴禁，藏地依然可以見到尊者達賴喇嘛的法像。

喇嘛的名字，嚎啕大哭……而那時來的只是達賴喇嘛的哥哥妹妹，還不是達賴喇嘛本人。

　　當年我看過十世班禪喇嘛在文革後回青海家鄉的影片資料，四面八方趕來的藏人漫山遍野，一邊呼嘯一邊策馬狂奔，

那情景簡直就像古代的戰場，山野香煙繚繞，旌旗飄揚，號角連天，百姓們扶老攜幼，聚成人海，給我留下震撼的印象。而那只是班禪喇嘛，還不是達賴喇嘛。

達賴喇嘛如果來中國，他的兄妹、班禪喇嘛都不可同日而語。如果達賴喇嘛回藏地，激動的場面和狂熱的民情將怎麼估計都不爲過。那種狀況通過國際媒體擴散到世界，會讓一直攻擊達賴喇嘛的北京十分丟臉。而如果北京不讓達賴喇嘛回藏地，那麼無論他到五臺山朝佛，還是在北京會談，都會有無數藏人利用各種交通工具前往拜見。千百萬藏人聚到他們願爲之赴湯蹈火的達賴喇嘛周圍，無疑是北京做夢都會感到恐懼的場面，因此無論如何不願那場面變成現實。

因此，北京只有在一種情況下才可能同意達賴喇嘛來中國，就是祕密訪問，等達賴喇嘛離開中國後才對外公開。但是，達賴喇嘛會同意祕密訪問嗎？家鄉父老年復一年望眼欲穿盼望見到他，甚至不惜犧牲生命翻越雪山穿越國境去見他，當他能夠來中國或藏地時，卻要對他們保密，不讓他們知道，怎麼說得過去？

——除非那種訪問是事先已確定可以取得重大突破的。

二〇〇八年九月（王力雄）

# 「丟掉幻想，準備鬥爭！」

　　顯然藏中第八次會談是一大轉折。北京冷面宣布尊者達賴喇嘛「根本無資格和中央政府談判」。參與談判的統戰部副部長在記者會上，毫無禮節地斥責尊者達賴喇嘛「包藏禍心」，說的是「騙人的鬼話」，甚至當場否認鄧小平在三十年前說過的那句被人們用濫的老話：「除了獨立，什麼都可以談」。對此，一位德高望重的藏人怒斥這根本就是「霸權主義」！

　　境內的許多藏人在震驚、厭惡之餘，認爲這是意料中的結果，儘管這個結果被北京拋給世界時，如同圖窮匕見，裏挾著殺氣，但這確實是眞實面目的暴露。而且，如雷擊一般，把藏人內心深處尚存的一線幻想給撲滅了。雖然早就知道與一個沒有誠意的霸道對手會談，並無太多指望，但直到談了第八次，才因北京冷酷的判決而徹底絕望。有藏人說：幻想破滅的那一刻，也許正是新的契機，反而可能會有新的突破。

　　在見證藏中關係的巨變之時，回顧世間風雲，可以發現歷

史總是相似的。我指的是，此刻，我找到了中共創始人毛澤東的一篇文章，針對被他說成是「帝國主義及其走狗」的美國和國民黨，他向中國人民發出號召：「丟掉幻想，準備鬥爭」。我並不是毛的追隨者，雖然在我的成長歲月中，毛曾經成了被洗腦教育灌輸的我和無數人頭腦中的神。但在這裏，其他不論，我們可以從這篇文章發現現實意義，需要做的只是換位思考。

毛說「帝國主義分子絕不肯放下屠刀，他們也絕不能成佛，直至他們的滅亡」，「希望勸說帝國主義者……發出善心，回頭是岸，是不可能的。唯一的辦法是組織力量和他們鬥爭……」，因此，毛要求有清醒意識的人「有責任去團結」那些「內部的中間階層、中間派、各階層中的落後分子、一切還在動搖猶豫的人們……用善意去幫助他們，批評他們的動搖性，教育他們，爭取他們站到人民大眾方面來，不讓帝國主義把他們拉過去，叫他們丟掉幻想，準備鬥爭」。

而所謂的「鬥爭」，在今天，在我們，並不意味著就是毛的充滿血腥暴力的武裝革命、階級鬥爭。非暴力也是鬥爭，而且是更偉大、更持久的鬥爭！對於每一個人來說，鬥爭意味著從我做起，從現在做起，從每個細節做起，讓我們承擔起身為藏人的責任，哪怕在日常生活中有任何點滴的努力都是一種鬥爭。務必要牢記的是，鬥爭不是非理性的，而是理性的；鬥爭

二〇〇八年三月十六日，在蘭州的西北民族大學，數百名藏人學生在校園遊行並通宵靜坐。（佚名 攝）

不是衝動的，而是深思熟慮的；鬥爭不是必須宏大且悲壯的，而是落實於每個人的權利並且去勇敢地維護它，維護老人的、年輕人的、孩子們的、男人的、女人的、僧人的、俗人的，所有芸芸眾生的權利。

　　而「丟掉幻想」，並不意味著放棄夢想。有個年輕藏人說，〇八年十一月四日是他人生中一個最美麗的日子，即使不能投票，他也要慶祝歐巴馬當選美國總統。因為歐巴馬的勝利是歷史性的，這個事實告訴人們：沒有什麼是不可能的！既然昔日無人相信的夢想今天會成為現實，那麼我們今日的夢想為什麼不能在明日也成為現實呢？而那樣的明天必須靠鬥爭去得到，如果認為可以因恩賜而獲得，認為一切會很快或者很容易就能實現，那是必須丟掉的幻想。

　　　　　　　　　　　　二〇〇八年十一月十二日（唯色）

# 對西藏未來道路的不同觀點

　　歷史上，可能沒有哪一次大會，會像這次的這樣牽動境內外藏人的心。這首先是因為歷史上，藏人從來沒有這麼長久地被分隔。對於十多萬流亡藏人而言，喜馬拉雅山麓的這邊是故鄉西藏；對於近六百萬境內藏人而言，喜馬拉雅山麓的那邊也有一個西藏，雖然很小，卻包容著西藏的靈魂。這個月中，在山那邊，在達蘭薩拉——西藏流亡政府所在地，將舉行全球藏人特別大會，討論未來西藏的走向，這顯然是一個劃時代的舉措。而在九月初，尊者達賴喇嘛已經宣布，西藏問題要由西藏人民來解決，西藏未來要由西藏人民來決定。

　　身為境內藏人，雖然在強權壓制下，不可能像境外藏人暢所欲言，但也希望傳達出掙脫恐懼的心聲。綜合境內幾位現代知識分子的意見，認為尊者的決定恰到好處，雖然看似不得已，卻是在為未來做更多的準備。未來不管選擇走哪條路，都不可能一成不變；不是非此即彼，也不是非彼即此，而是有此有彼，或彼或此，甚至非彼非此……反而使得種種道路都有了

交叉、重複的可能。目前，正如尊者所說，以往的和解與退讓已經證明是失敗的，因此不是藏人願意不願意，而是已經不可能在原來的道路上繼續走下去。

安多某寺院大概有十多個僧人，年紀二、三十歲不等，在今年三月以來爆發的抗暴事件中，都被抓過，被毒打過，有的僧人至今手腕上還留有被軍警用鐵絲捆綁的傷痕。他們說，儘管藏人歷經不幸，生活在沒有自由的痛苦中，但作為佛門弟子，還是要遵從尊者倡導的中間道路，以非暴力的方式去爭取藏人的權利，無論未來多麼艱難，仍然應該繼續走和平理性的中間道路。

也有比較激烈的觀點認為，最早尊者走讓贊（獨立）之路，後來逐漸轉變，尤其在鄧小平承諾「除了獨立，什麼都可以談」之後，尊者向全世界宣布放棄讓贊，要求的是在中國憲法框架內的高度自治，然而近三十年過去，沒有任何進展。既然如此，在如今這個歷史關頭，就應該重新回到讓贊之路。雖然仍需要世界的支援，但最重要的是藏人自己要承擔起這個責任。任何民族追求獨立都要付出鮮血和生命，我們雖然不願意流血，但這是沒有辦法的，不能幸免的，所以境內外藏人都須團結起來，為這個目標做好犧牲的準備。

有研究中國的西方學人說，無論從哪個角度看西藏，未來

二〇〇八年十一月，在達蘭薩拉召開全球藏人特別大會。（Yeshe Choesang攝）

看起來都相當慘澹。但有年輕藏人反駁說，這其實忽視了中共在貌似強大之下隱藏的諸多危機，也忽視了藏人和藏文化的生命力與創造力。西藏問題並不是尊者一個人的問題，也並非有一天，尊者圓寂就會帶走藏人和藏文化的生命力與創造力。尊者會乘願再來，藏人也會在濃縮佛教精神的藏文化這一精神支柱下繼續奮鬥。不管怎樣，藏人追求自由之路雖然艱辛無比，但這並不意味著未來慘澹；即使越來越慘澹，我們藏人也會越挫越勇。

最消極的觀點是認為，無論走哪條路，中間道路也好，讓贊之路也好，看似都是擺在眼前的選擇，卻都是死項選擇，因為在中國的掌控之下都難以走下去，只得順其自然。

二〇〇八年十一月四日（唯色）

# 參與和願景

對於境內藏人而言，有這樣一種特殊的參與，是與上週六結束的全球藏人特別大會密切相關的。在發生了那麼多事情之後，看上去已成僵局的現實，限制的是這邊的腳步，限制的是這邊的聲音，卻無法限制這邊的內心。可以上網的，在網路上尋找著；可以收聽廣播的，帶著收音機去信號干擾不了的地方；可以接收衛星的，在電視跟前守候著；當然，這一切都不會是公開的。友人說：在拉薩，似乎空氣裏都是監視器……然而，即便是這樣，許許多多藏人仍然以自己的方式參與著。如在我的博客上，很多意見是以匿名的方式發表；在卓嘎啦主持的熱線節目上，一些聽眾想方設法打電話來表達觀點。可以說，在討論未來西藏的走向時，身為藏人，不可能不關注，不可能不表達，猶如地底奔湧的暗河，蘊積著頑強的力量。

六天的特別大會既是在達蘭薩拉五百多名代表當中進行著，也是在超越了這個空間、超越了這個人數的更為寬廣的範圍當中進行著。大會閉幕之後，公之於世的結果中，確立未來

二〇〇八年十一月，在達蘭薩拉召開全球藏人特別大會。（Yeshe Choesang攝）

繼續走中間道路來解決西藏問題，強調尊者達賴喇嘛才是西藏
人民的真正代表。就此，綜合我所瞭解到的意見陳述於此，也
算是一種補充。

　　一致的是，這次特別大會除了堅持中間道路的主張，也
包含了呼籲獨立或民族自決的主張，以及一些務實的提案，能
夠容納如此種種不同的觀點，體現了流亡藏人社會在民主道路
上的進步，與專制下的境內藏人社會人人自危的狀況比較，顯
然天壤之別。不過特別大會雖有寶貴的民主，但還多少顯得保
守，思想不夠解放，固然這是歷史上第一次如此重要的討論民
族前途的大會，而且聚合了分布在世界十四個國家的藏人，收
集了境內上萬藏人的意見，非常來之不易，理當慎之又慎，所
以寄望於將來的第二次特別大會，更加富有創意，充滿活力和
彈性。
　　對特別大會的結果之一，即對尊者達賴喇嘛的認可，認

為這是無須討論太多的事實，因為尊者今生來世都是我們的尊者，是我們生生世世追隨的精神領袖，這是我們全藏四百年來的傳統，是過去、現在和未來都會繼承下去的傳統。現代藏人不僅要具備認知上師為上師、認知父母為父母的能力，還須具備自主意識和自立精神。而在這麼難得的特別大會上，重中之重是明確戰略方向、細化策略之術、制定詳細計畫、落實具體任務，然後請尊者達賴喇嘛繼續發揮無人替代的偉大能量，輔助新一代領導力量，這樣才能出現自主自立的後達賴喇嘛時代。無論如何，必須要有切實可行的策略，務必要從一個個細節和計畫做起，內外兼顧，分期實施，如制定一個凝聚境內外藏人之心的紀念日，而學者洛桑森蓋倡導為這樣一個日子許下的祈願——「今年在達薩，明年在拉薩」——令人激動，由此可以形成不可磨滅的民族記憶。

總而言之，正如毛澤東在中國的抗日戰爭時期撰述「論持久戰」，借用其中一段話，即：「敵強我弱，我有滅亡的危險。但敵尚有其他缺點，我尚有其他優點。敵之優點可因我之努力而使之削弱，其缺點亦可因我之努力而使之擴大。我方反是，我之優點可因我之努力而加強，缺點則因我之努力而克服。所以我能最後勝利，避免滅亡，敵則將最後失敗，而不能避免整個帝國主義制度的崩潰。」

二〇〇八年十一月（唯色）

# 沒有結果的談判有作用

最近在網上看到有藏人批評達賴喇嘛代表與北京的談判，用詞之強烈前所未見。如指責達賴喇嘛的談判代表「唯利是圖，像個典型的西方政客」，說他「接受中國的招待，四處參觀、旅遊，然後說中國有善意」，還對達賴喇嘛表示：「你選錯人了，派他們去談判，沒有意義，永遠不會有結果。」

雖然我從開始就認為談判不會有結果，卻不認為談判沒有作用。批評談判代表接受中國的招待顯然是過分挑剔，既然想和談，客隨主便是基本禮節。最終沒有談出結果，原因不在於達賴喇嘛選人的對錯，而是無論什麼人去談，都不會得到結果。

那麼我說談有作用是在哪裏呢？一是我認為對於達賴喇嘛來講，談的對象不應該僅局限於北京政府，而是應該擴展到中國未來和全體中國人。歷史是發展的，政府不是不變的，這個政府不會永遠統治中國。現在談不通，不等於未來也談不通。

藏中第八次會談，以中共的強硬、霸蠻而告終。（網頁）

因此現在的談，包含著為將來進行的準備。長遠而言，只有中國理解中間道路，認可了西藏的「真正自治」，才能徹底解決西藏問題。而中間道路的含義和西藏方面的誠意，正是需要通過這種談向中國的民眾和精英傳達。

談的另一重作用是，正因為談了多年毫無結果，才能讓人們最終覺悟，西藏問題是沒有希望與專制中國達成解決的。既然老話說「藏人毀於希望」，那麼打消不切實際的希望，作用是讓藏人免於毀滅，這種作用難道不是很大嗎？談判過程總是

要走的，弱勢一方如果不把各種和解之路都嘗試遍，在承受犧牲和艱難時，就總是會後悔當初錯過了和解。不是有那麼多人都埋怨達賴喇嘛當初沒有參加班禪喇嘛的喪禮，是錯失了解決西藏問題的機會嗎？而這個長達六年的無果談判，正是讓藏人都認識到，實際上不存在任何機會。

因此，當藏人決心「丟掉幻想，準備鬥爭」時，前提正是幻想已被證實徹底破滅。這時要做的不是怪罪前面的談判代表，而是應該感謝他們。正是由於他們的忍辱負重和百折不撓，才使得藏人最終能夠丟掉幻想，團結起來進行鬥爭。

二○○八年十二月（王力雄）

# 達賴喇嘛還有什麼牌？

中國官方宣稱「達賴手中已無牌可打」是犯了一個錯誤。雖然達賴喇嘛沒有軍隊，沒有領土，也沒什麼資源，但是比起強大的中國，他手中卻有一張中國所沒有的牌——那就是民主。而恰恰因為中國沒有這張牌，民主這張牌對中國就可能產生「四兩撥千斤」的效果。

比如，當北京宣稱達賴喇嘛沒有資格代表西藏人民時，達賴喇嘛只須提出按照民主方式，讓藏人進行一次全民公決來認定究竟誰可以代表他們，中國方面就只能顧左右而言他，或者反擊也是明顯的強詞奪理。這時，誰有資格代表西藏人民便可以立見分曉。

這就是民主的力量。專制者雖然拒絕實行民主，然而當民主成為世界潮流，專制者在民主面前便無法理直氣壯，甚至還要給自己也披上民主外衣。但是假民主見不得陽光，真民主即使沒有軍隊和武器，道義力量卻會遠超過專制。

達賴喇嘛。（李江琳 攝）

臺灣的末代專制者蔣經國晚年推動臺灣民主轉型，很大程度是要讓臺灣在與大陸的對抗中能夠自保。民主制度所擁有的正義可以讓臺灣得到國際民主陣營支持，同時也能贏得臺灣人民的擁護。當世界民主國家都站在臺灣一邊時，中國的實力即使比臺灣強百倍，也不敢輕易進犯臺灣。小小臺灣之所以能在大陸重壓下始終傲然自立，民主制度帶來的人民自信和國際支持正是決定因素。

　　所以，在探討西藏未來道路時應牢記這一點。其他一切因素，國際關係、政治手段、宣傳機器、人才、資金、暴力……中國都有，而且西藏永遠比不了，唯有民主是中國沒有的，這正是中國的阿奇里斯之踵，也是打開西藏困局的鑰匙。可以說，在與專制中國的抗爭中，西藏的制勝武器只有一個民主。

二〇〇八年十二月（王力雄）

# 西藏的下一次暴動

在二〇〇八年五月出版的《紐約書評》（*The New York Review of Books*）上，哥倫比亞大學的當代西藏問題專家羅比‧巴磊特（Robbie Barnett），在談到無人預見西藏境內會發生這次廣泛的抗議和衝突時，指出了一個例外。他說：「對於中國知識份子王力雄而言，並非如此，他早就預言了西藏的危機……他在一九九八年就寫道：西藏的現在比歷史上任何時期都更加富裕。然而這並未給中國共產黨帶來更多藏人的忠誠度，越來越多人開始變得更加懷念達賴喇嘛……目前的穩定只是表面。有一天會有更多人參加暴動，人數會比八〇年代晚期的都多。」

我現在還要繼續預言：下一次西藏再發生暴動，會比二〇〇八年的這一次規模還要大。我甚至可以預言出現下一次西藏暴動的時間：如果達賴喇嘛去世之前，西藏問題仍然沒有取得進展，達賴喇嘛也沒能回到西藏，他去世的那一刻，就會成為境內藏人總暴動的號令。而中國的鎮壓機器對此根本無法防

拉薩大昭寺門前。

範，因為現在已經不可能封鎖達賴喇嘛去世的消息，藏人起事也無需任何串聯和組織，將是在不約而同中形成。

　　瞭解西藏的人都知道，達賴喇嘛的命運是每個藏人心頭的傷口。作為西藏宗教至高的領袖，活在現實的菩薩，達賴喇嘛在他生前做出了最大犧牲，放棄了西藏獨立，只求以高度自治保存西藏文化和宗教，如此謙卑換得的卻是中國政府的不斷羞辱，至死不能回到家鄉，不能和終生等待他的人民與信徒見面，就此永別。這種痛是無可比擬的。達賴喇嘛在世時，不論有多少挫折，藏人總還有希望，一旦達賴喇嘛去世，希望變成絕望，仇恨壓過恐懼，悲痛讓人狂熱，因此那時的暴動一定會非常激烈，規模更大，波及面更廣，參與者更多，而且絕不會在短時間內平定。

　　領袖去世引發大規模的民眾抗議，中國有過一九七六年周恩來去世導致的四五運動，有過一九八九年胡耀邦去世導致的六四事件，中國政府要想避免下一次西藏暴動，唯一辦法是在達賴喇嘛去世前，讓西藏問題得到解決，至少是得到突破。

　　　　　　　　　　　　　　　二〇〇八年七月（王力雄）

# 達賴喇嘛的棋局

一位西方記者問我，達賴喇嘛會不會為當年搶先認定班禪轉世感到後悔？因為他認定的班禪從此人間蒸發，中國當局另立班禪，從這個角度看，達賴喇嘛什麼都沒得到。

我的回答是，即使不從堅持宗教原則的高度看這個問題，只考慮政治得失，也不能說達賴喇嘛什麼都沒得到。如果把班禪轉世的鬥爭看作一盤棋，中國當局走的棋只看眼前，達賴喇嘛的眼光卻要長遠得多。

讓我們設想認定班禪轉世的幾種可能。第一種是中國政府先認定，達賴喇嘛不同意，另選自己的班禪，這容易使人認為導致產生兩個班禪的責任在達賴；第二種是中國政府認定後，達賴喇嘛同意，這等於放棄了宗教權利，把班禪的合法性來源交給世俗權力。顯然這兩種情況對達賴喇嘛都不利。第三種情況是達賴喇嘛先認定，中國政府同意；第四種就是現在這個結局，達賴喇嘛先認定，中國政府不同意，另選班禪並監禁達賴

中共選的十一世班禪被藏人叫作「漢班禪」。

喇嘛的班禪。

　　表面看來，第三種情況對達賴喇嘛最有利，第四種最不利。但實際卻不然。第三種情況看似達賴喇嘛是贏家，然而被確認的班禪是在中國政府控制下，由中國政府培養，等到達賴喇嘛圓寂時，按照達賴和班禪互相認定的歷史傳統，中國政府就可以操縱那位班禪去選擇下一世達賴。既然那位班禪是由達賴喇嘛選定，由他確認達賴轉世的合法性不容置疑，中國政府就可以由此主導達賴的轉世。新達賴將和班禪一樣落入中國政府的控制，被培養成效忠中國政府的工具。而當新達賴和中國

政府站在一起，西藏的抗爭在很大程度上就會失去根據，也會失去凝聚核心。

　　第四種情況，因爲中國政府另選的班禪沒得到達賴喇嘛認定，就不會有認定達賴轉世的合法性。而中國政府不認可達賴喇嘛的班禪，對其只能監禁卻無法利用，這就使達賴喇嘛可以確保按自己的意圖進行轉世，從而保證西藏的抗爭不被瓦解。即使中國政府那時還會強行認定另一個「達賴」，但因爲它的「班禪」是假，假「班禪」認定的「達賴」便假上加假，更難得到藏人和國際社會承認。

　　由此看來，中國政府在班禪轉世時逞一時專橫之威，拒不承認達賴喇嘛認定的班禪，結果喪失了瓦解西藏抗爭的一個絕佳機會，而達賴喇嘛卻因此爲未來的轉世避開了致命威脅。

二〇〇六年五月（王力雄）

# 西藏獨立的條件正在齊備

　　過去我從未認眞想過西藏可能獨立，這次西藏事件讓我第一次開始正視這種可能性。這中間不攙雜我的個人傾向，只是作爲西藏問題觀察者看到西藏獨立的條件正在齊備。

　　西藏獨立的其他條件一直相當充分──基本是單一民族、單一宗教和文化，地域界限分明，歷史地位清楚，國際社會高度認可，有衆望所歸的領袖和運轉多年的政府，然而以往缺乏最重要的一環──即作爲藏人主體的境內藏人，沒有追求獨立的足夠動力。雖然西藏問題長期存在，但過去大部分停留於政治、歷史或文化層面，雙方被捲進糾葛的主要是官方、民族上層、知識界或國際社會。漢藏民族的普通民衆之間，關係一直相對比較和睦、甚至可以說比較親近。正因爲多數藏人過去沒有獨立想法，因此那些有利於西藏獨立的條件就不會發生作用。

　　然而這一次，民族關係變成了種族對立，情況就發生了

二○○八年的西藏事件。（佚名 攝）

變化。民族衝突主要涉及民族上層和精英，而種族對立是以血
緣劃分的，涉及到每一個人。民族衝突相對容易控制，只需要
民族上層之間達成妥協；但若發展成種族衝突，每個種族成員
都成為衝突源，遍布兩個民族交往的所有環節，那就絕非上層
和精英可以控制，而是隨時都可能爆發衝突，並且形成冤冤相
報，無休無止的狀況。這時如果仍然用鎮壓方式處理，尤其是
按照中國當局實行的「把一切不穩定因素消滅在萌芽狀態」，

只能雪上加霜，繼續加深種族對立，形成越陷越深的惡性循環。一旦出現引發因素，就會以更大規模再度爆發。

　　當然，僅靠暴動不會實現西藏獨立，專制政權可以用武力平定事態。畢竟中國軍警數量接近藏人總人口。但是所謂「一人拚命，十人難敵；萬人必死，橫行天下」，何況藏人有五、六百萬，絕非輕易可以擺平，很多藏人會因此失去生命，然而民族獨立之路往往正是用鮮血沖刷出的。血流得越多，越會得到國際社會同情，建立在人權高於主權基礎上的民族獨立合法性也就越強。回顧世界以往的民族獨立，總是內外因素相互配合，內因是種族衝突導致種族清洗的災難，證明了種族之間無法共存，只要那時再獲得外因——即國際社會（主要是西方國家）的支持，而當事國正好陷入衰落，無力反制，民族獨立就可以得到實現。這方面的最新例子，就是剛剛獨立的科索沃。

二〇〇八年七月（王力雄）

國家圖書館出版品預行編目資料

聽說西藏：發自西藏現場的獨立聲音／唯色，
王力雄著. -- 初版. -- 臺北市：大塊文化，
2009.05
面； 公分. -- (Mark ；75)
ISBN 978-986-213-119-0 (平裝)

1. 文集 2. 西藏

676.68                98006258

LOCUS

LOCUS